La Reine du monde

Essai sur la démocratie d'opinion

DÉJÀ PARUS DANS LA COLLECTION CAFÉ VOLTAIRE

Jacques Julliard, *Le Malheur français* (2005).
Régis Debray, *Sur le pont d'Avignon* (2005).
Andreï Makine, *Cette France qu'on oublie d'aimer* (2006).
Michel Crépu, *Solitude de la grenouille* (2006).
Élie Barnavi, *Les religions meurtrières* (2006).
Tzvetan Todorov, *La littérature en péril* (2007).
Michel Schneider, *L'indifférence des sexes* (2007).
Pascal Mérigeau, *Cinéma : Autopsie d'un meurtre* (2007).
Régis Debray, *L'obscénité démocratique* (2007).
Lionel Jospin, *L'impasse* (2007).
Jean Clair, *Malaise dans les musées* (2007).

Jacques JULLIARD

La Reine du monde

Essai sur la démocratie d'opinion

Café Voltaire
Flammarion

ISBN : 978-2-0812-1165-0

« L'empire fondé sur l'opinion et l'imagination règne quelque temps, et cet empire est doux et volontaire ; celui de la force règne toujours. Ainsi, l'opinion est comme la reine du monde, mais la force en est le tyran. »

Pascal

« Il existe dans tous les pays une force supérieure à celle des gouvernements, c'est celle de l'opinion publique. »

Comte de Saint-Simon

« Toutes les fois que les conditions sont égales, l'opinion générale pèse d'un poids immense sur l'esprit de chaque individu ; elle l'enveloppe, le dirige et l'opprime ; cela tient à la constitution même de la société bien plus qu'à ses lois politiques. »

Tocqueville

I

La crise du suffrage universel

C'est au printemps 2005, en pleine campagne pour le référendum européen, que l'événement m'est apparu dans toute son ampleur. Un phénomène nouveau, irréversible, était en train de se produire, qui allait durablement modifier notre rapport à la politique ; je veux parler de l'irruption sur le devant de la scène de l'homme ordinaire, que les Italiens nommaient jadis l'« *uomo qualunque* », le citoyen à l'état nu, sans égard pour les notabilités, les groupes d'influence, les institutions qui traditionnellement encadrent le suffrage universel.

Bien entendu, ce n'était pas la première fois que l'on assistait à cette forme d'insurrection pacifique contre les pouvoirs établis : toute consultation du peuple par ses dirigeants voit celui-ci regimber contre le carcan dans lequel on le tient, dont on veut le persuader que c'est une couronne, et que le jour de l'élection est celui de son sacre. Ce cérémonial ne trompe personne. Tout appel au suffrage universel est une espèce de retour à l'envoyeur ; c'est le contrat rugueux du connu et de l'inconnu, de l'institué et de l'instituant, du prétendu souverain avec son soi-disant serviteur, en un mot du Nombre et de l'Élite. La brève prise de parole par les muets du sérail n'est pas ce mécanisme harmonieux décrit par les manuels de droit ; sans doute est-elle le *fiat* initial, le fondement de l'ordre démocratique, mais en sourdine, elle est sa contestation.

Comme l'oracle de Delphes, le suffrage universel a des réponses brèves et ambiguës. Il dit oui, il dit non, mais à quoi ? Voulez-vous me rappeler la question ? Oui ou non : ces trois lettres prononcées suffisent à déclencher des torrents de commentaires de la part des interprètes agréés. En moins de vingt-quatre heures, le peuple apprend ébahi à quoi il a consenti, à quoi il s'est opposé. Ou bien encore, il dit Truc ou Machin, Dupond ou Dupont, et ce simple énoncé permet à celui-ci de faire la loi – c'est le mot – pendant cinq ans. Tout est bien pour Dupond ou pour Dupont, qui promet d'être un exécutant fidèle. Mais le peuple n'est pas dupe et hausse les épaules.

Autrement dit les rapports de l'électeur et de l'élu sont ordinairement difficiles, ambigus et même paradoxaux. Le jour de l'élection n'est pas celui du sacre, c'est celui d'une fête des Fous avec inversion des valeurs et des rapports de puissance, mais sans lendemain.

Le détonateur du référendum

Il est pourtant risqué de laisser Caliban sortir de son antre. S'il venait, une fois la tempête apaisée, à refuser d'y rentrer ? C'est en somme ce qui s'est produit le 29 mai 2005 lors du référendum européen et nous vivons encore sur la lancée de cette transgression. La campagne avait été particulièrement âpre, et même violente. Non pas entre partisans du oui et partisans du non qui s'étaient, pour l'essentiel, ignorés. Mais entre la partie majoritaire du peuple bien décidée à dire non et les élites qui l'incitaient à dire oui. Je puis témoigner, ayant fait campagne pour le oui, de la véhémence avec laquelle je fus pris à partie, y compris de la part de gens proches de moi en politique. Une véhémence inconnue, même aux temps de la guerre d'Algérie et de Maastricht. Dieu sait pourtant si, dans ces deux cas, le problème était plus important qu'en 2005. Il y a deux ans, l'ivresse du combat finit par en faire oublier les enjeux. C'était la quintessence du débat à la française, où la remontée aux principes fait tout le plaisir de l'affrontement. Un long article dans *Le Nouvel Observateur*, où je détaillais les raisons, pour la plupart de gauche, de voter oui me valut près d'un millier de lettres et de courriels.

Journalistes et écrivains se vantent volontiers de l'abondance de leur courrier, dans laquelle ils voient la mesure de leur importance. Le coefficient multiplicateur, par rapport aux lettres effectivement reçues, varie d'ordinaire de 10 à 50. C'est pourquoi le millier de lettres que me valut mon article, chiffre jamais atteint par moi dans le passé, témoignait, au-delà de mon cas personnel, de la réactivité de l'opinion. Au total, environ un tiers de lettres d'approbation contre deux tiers de lettres défavorables. Proportion au demeurant normale : au grand regret des journalistes, on prend plus volontiers la plume pour dénigrer que pour féliciter, comme s'il y avait dans la première attitude plus de mérite et de lucidité que dans la seconde. La nouveauté n'était donc point là.

Philosophie de la lettre anonyme

Elle était dans la virulence du ton, sans commune mesure, je le répète, avec les enjeux. Il est vrai que le courrier électronique est un formidable amplificateur de la vulgarité. Il a donné ses lettres de noblesse à la lettre anonyme. Le délateur ou l'imprécateur, confortablement installé dans les replis de l'anonymat ou du pseudonymat, y donne libre cours à sa bassesse d'âme. On y pratique le tutoiement, non pas le tutoiement amical de la tradition syndicale, mais le tutoiement sordide de l'altercation entre automobilistes. On y prête à l'adversaire les motivations les plus ignobles. « Qui te paie ? » « Et combien ? ». Internet, qui est un magnifique instrument de communication, est aussi l'égout collecteur des résidus les moins avouables, des bassesses les plus longtemps refoulées de la société. Naguère, la lettre anonyme à l'ancienne, celle qui a fait ses preuves durant l'Occupation, jouait sur deux registres. Le premier était celui de la menace sanglante, comme en 1968, où une certaine intempérance exaltée exprimait ou parfois mimait la conviction. « On te pendra avec les tripes du dernier capitaliste éventré sur la barricade » était un classique de l'extrême gauche. Langage métaphorique, au demeurant assez rare. Le second était celui de l'invective nauséabonde, où il est question de vous plonger le nez dans vos excréments. Ce ton est généralement celui de l'extrême droite. Le premier traduit une sorte d'amplification lyrique des sentiments, le second une sorte de fermentation honteuse des ressentiments. D'où l'on est tenté de conclure que, dans la constitution de la personnalité, la gauche relève du stade oral, la droite du stade anal. Il cst surprenant que, à ma connaissance, la psychanalyse ne se soit jamais penchée sur la sémantique de la lettre anonyme.

Mais revenons au débat lui-même. Si j'ai insisté sur ses déviations les plus misérables, ce n'est pas pour le rabaisser. Loin de moi la pensée que l'ensemble des participants ait obéi à des motivations inconscientes sans rapport avec le sujet. Au contraire : on vit rarement corps électoral étudier avec autant de sérieux un texte aussi rébarbatif, qui sentait le robin plus que l'homme d'État. Chacun comprenait bien qu'à travers cet avorton monstrueux, cette usine à gaz sortie d'une bande dessinée, c'étaient les institutions européennes elles-mêmes qui affichaient leur laborieuse insuffisance. Mais, en raison même de leur complexité et de la difficulté de les mettre en œuvre, ces institutions nouvelles ne comportaient pas de danger sérieux pour l'autonomie de la nation, comme leurs adversaires tentaient de le faire accroire.

Il fallait bien qu'il y eût autre chose dans cet accès de fureur : l'occasion enfin trouvée pour la *classe militante*, cette catégorie de citoyens qui ne se reconnaît ni dans l'élite ni dans la masse résignée, abrutie de jeux télévisés, de faire entendre sa voix. À travers le non à l'Europe se faisait jour une volonté d'autoaffirmation, aux marges de l'univers politique. Le mot qui revenait sans cesse était : « Vous ne nous respectez pas ! » Au sens littéral, le grief était plaisant, venant de citoyens furieux, pratiquant sans discontinuer l'injure et l'invective. « Vous ne nous respectez pas ! » Ce leitmotiv politique s'accompagnait d'une nuée de noms d'oiseau, d'épithètes méprisantes, d'allégations fantaisistes. Comme dans tout phénomène collectif inorganisé, la rumeur jouait en effet un rôle considérable. Oui, un plan B existait, Jacques Delors l'avait maladroitement avoué, dont on ne voulait pas révéler l'existence, de peur de détourner les citoyens du plan A... Oui, les États-Unis tiraient les ficelles et, derrière la machinerie compliquée de la Constitution européenne, entendaient, au détour d'un article, offrir au Pacte atlantique une deuxième ratification par des citoyens inconscients du manège... Oui, il s'agissait bel et bien, grâce à des mesures en faveur de la grossesse, de rendre à terme illégal le recours à l'avortement... La machine à fantasmes tournait à plein régime, engendrant une méfiance généralisée. Rien n'était désormais innocent, et l'on se serait cru revenu à certains épisodes de la Convention montagnarde, où rien n'était réputé innocent, pas même l'innocence elle-même.

Les élites au pilori

En vérité, « Vous ne nous respectez pas » ne signifiait nullement : « Vous nous parlez mal », mais bien : « Vous ne nous prenez pas en considération. » « Respect », avec le sens particulier qu'il a pris dans les banlieues (« Total respect ! »), était le mot clé de la révolte. Il signifiait que des « couches sociales nouvelles », pour parler comme Gambetta, apparaissaient et aspiraient à la reconnaissance. Or il n'est pas d'autre moyen pour un groupe social d'obtenir cette reconnaissance que de mettre en cause la représentativité du détenteur du pouvoir. Dans sa sociologie des élites, Vilfredo Pareto montre très bien comment le groupe assaillant, candidat au pouvoir, s'en prend à celui qui l'exerce actuellement, devant le seul tribunal qui vaille en démocratie, celui de la majorité silencieuse et inerte, maîtresse de l'opinion publique.

Mais quel groupe ? Je viens de parler, faute d'un meilleur terme, de « groupe social ». L'expression n'est pas satisfaisante, car ce qui caractérise les nouveaux mouvements d'opinion, c'est qu'ils sont irréductibles à la sociologie marxiste des classes et que leur fondement est plutôt culturel qu'économique : ce sont les fils d'Internet et de la blogosphère. Si la sociologie marxiste se trouve démentie, en revanche la philosophie marxiste, fondée sur les conséquences économiques et sociales de l'innovation technique, trouve là une remarquable confirmation. C'est la révolution de l'information et de la communication qui met aujourd'hui en cause la démocratie représentative jusque dans ses fondements. Cette dernière, justifiée par l'impossibilité technique de donner la parole à tout le monde, repose donc en dernière analyse sur une division sociale du travail entre celui qui parle et celui qui écoute. La figure du « grand orateur » (Mirabeau, Danton, Gambetta, Jaurès, Briand) est la pierre angulaire de ce système représentatif.

Aujourd'hui, l'éloquence a disparu, ce n'est point un hasard. Elle a même quelque chose de démodé et de vaguement ridicule. Il est impossible d'écouter désormais sans sourire un discours de Malraux, voire de De Gaulle ou de Mitterrand. La rhétorique de la communication est incompatible avec celle de la représentation ; la logique de l'éloquence avec celle de l'information. La mise en cause des élites au printemps 2005 était celle d'une conception *inégalitaire* (non transitive, diraient les mathématiciens) de la démocratie.

Internet entre en scène

C'est pourquoi, parmi les médias modernes, Internet occupe une place toute particulière, parce qu'il est le média interactif ou transitif par excellence, celui qui tend à abolir la différence entre l'émetteur et le récepteur, entre l'orateur et l'auditeur et, dans sa visée ultime, entre le représentant et le représenté. La crise de la démocratie représentative a commencé dans les années trente avec la TSF, elle s'est approfondie dans les années cinquante avec la télévision et la multiplication des sondages ; elle a atteint son acuité présente en 2005 avec Internet et la blogosphère. Quel rapport entre la démocratie d'aujourd'hui et celle du XIXe siècle, où la dimension du département avait été calculée pour permettre au citoyen, et particulièrement à l'électeur, de faire dans la journée le voyage aller-retour au chef-lieu ? Alors, l'information était une rareté, le journal un luxe prohibitif, qui avait permis la multiplication des cabinets de lecture publics. À la démocratie par défaut du passé est en train de se substituer la démocratie par excès du présent, celle où le problème du citoyen n'est pas de s'informer, mais de résister à l'information. Au sein même de la planète Internet, le blog s'est répandu comme une traînée de poudre ; c'est la possibilité pour chacun d'être à lui-même son propre écrivain et son propre journaliste. Ce n'est pas pour rien qu'au cours de la campagne référendaire les journalistes, et notamment les éditorialistes, furent l'une des cibles privilégiées sur Internet. Parce que, dans leur majorité, ils défendaient le oui ? Pas seulement. Surtout parce qu'ils étaient ce qu'ils étaient, c'est-à-dire des émetteurs d'opinion. La question qui revenait le plus souvent était : « Qui t'a fait ce que tu es ? Au nom de quoi as-tu le droit de t'adresser à des centaines de milliers de personnes ? » En un mot : « Qui t'a fait roi ? » Le droit de parler aux autres, considéré comme un privilège non économique, certes, mais culturel. Les nouveaux croisés du Net sont des niveleurs (*levellers*) comme il en existait dans l'Angleterre du XVIIe siècle.

Cette démocratie de l'information est en train d'atteindre ses extrêmes conséquences avec le phénomène Wikipédia, c'est-à-dire une encyclopédie en ligne alimentée par les contributions volontaires et spontanées de ses usagers. Quiconque le désire peut créer un nouvel article ou enrichir un article existant. Le résultat est parfois effarant ; l'absence de vue d'ensemble à l'intérieur de chaque article est criante. Le détail infime est mis sur le même plan que la chose essentielle, notamment dans les biographies qui sont conçues « à l'américaine », c'est-à-dire par accumulation de détails. Une pareille entreprise est un hommage à la démocratie et un défi à l'intelligence. Elle repose sur l'idée que M. Tout-le-Monde a plus d'esprit que M. de Voltaire. Soit. Mais a-t-il autant de jugement ? En outre, les progrès de la science ne reposent pas sur une « honnêteté moyenne », comme disait Jules Grévy à propos de la démocratie, mais sur des vues pionnières, considérées souvent comme aberrantes au moment où elles sont produites. Monteriez-vous dans un avion où les passagers auraient décidé qu'« ensemble » ils piloteraient mieux que le spécialiste désigné à cet effet ? En vérité, le crétinisme démocratique n'a pas de limites. Ne vit-on pas naguère un journal annoncer triomphalement que le cancer serait vaincu dans les dix ans, puisque les Français, consultés par sondage, avaient décidé que c'était le temps qu'il fallait pour y parvenir ?

Les droits du savoir

La confusion de la science et de l'opinion est le préjugé démocratique par excellence. Je me souviens encore des protestations indignées que je soulevai en écrivant que la démocratie n'a rien à faire dans une salle de classe ou un amphi et que la science a des droits qu'il faut fermement refuser à l'ignorance. Ce point de vue était communément admis dans la phase ascendante de la République, l'idéal républicain consistant alors dans l'application à la démocratie des principes de la science. À l'inverse, nous sommes arrivés, par bigotisme égalitaire, à définir aujourd'hui cet idéal par l'application à la science des principes de la démocratie. Est-il besoin de dire ce qu'une telle démarche a de profondément obscurantiste ? C'est là un des problèmes les plus redoutables et les plus nouveaux qui se posent aujourd'hui à la gauche. Celle-ci, depuis le XVIIIe siècle, reposait, comme disait Auguste Comte, sur la conformité de vues de la science et de la justice ou, si l'on préfère, du savant et du prolétaire. Ce bel idéal, qui, pendant près de deux siècles, a donné à la gauche l'hégémonie intellectuelle et morale sur la société entière, a volé en éclats. Les savants ne se sentent plus organiquement liés à la gauche comme du temps de Jules Ferry et de Marcelin Berthelot ; les hommes de gauche ont cessé pour la plupart de se considérer comme les porte-parole de la communauté scientifique au sein de la société civile.

C'est la crise de cette alliance historique entre la science et la gauche qui a porté l'opinion publique au pinacle et qui en a fait la pierre de touche de la démocratie. Faudrait-il en conclure que la République n'a pas besoin de savants – selon le mot apocryphe prêté à un révolutionnaire –, qu'elle n'a besoin que de sondeurs ? En aucune manière. D'abord parce que si, après Auschwitz, le Goulag et les Khmers rouges, nous avons dû renoncer à la conception linéaire d'un progrès tout à la fois technique et moral, ce même progrès reste l'idée régulatrice de nos sociétés ; imaginons un instant le progrès zéro, comme on avait naguère préconisé la croissance zéro : c'est toute la société qui serait prise dans une camisole de glace et de désespoir. Ensuite parce que, si l'opinion publique peut être facteur de régression, comme on vient de le montrer, ses développements pratiques sont inséparables de l'idée démocratique en ce qu'elle a de plus ambitieux. Il serait absurde d'imaginer que les avancées technologiques dussent s'arrêter aux portes du suffrage universel. La question n'est donc pas : « Faut-il, dans le concert démocratique moderne, faire à l'opinion publique sa part ? » mais bien : « Comment acculturer la cavale indomptée de l'opinion publique à l'intérieur de l'univers démocratique ? »

Car le coup de cymbale du référendum négatif de 2005 ne devait pas rester un phénomène isolé. On en était encore, au sein du PS, à se demander comment réconcilier les oui et les non qu'une nouvelle bourrasque venait prendre en écharpe tout le dispositif socialiste et rappeler aux yeux étonnés des dirigeants que, tandis qu'ils délibéraient, le monde extérieur continuait d'exister. Chez ces athées et ces libres-penseurs, Ségolène Royal fut le fléau de Dieu. En termes plus profanes, un témoin de moralité de la démocratie spontanée au sein de la démocratie organisée... Malheur aux vaincus ! Depuis sa défaite, il n'est guère de défaut qu'on ne lui prête. Mais le constat n'en est que plus saisissant. Si, avec tous ses défauts, Ségolène Royal est parvenue à réunir près de 17 millions de suffrages au second tour, soit environ 47 % de la population, c'est que le mouvement d'opinion qui l'a portée devait être très fort et très nouveau. C'était la première fois qu'à l'intérieur d'un grand parti les dirigeants se laissaient imposer de l'extérieur le candidat à l'élection présidentielle. Tout était si bien verrouillé, si hermétique ! Un chef-d'œuvre de démocratie partisane, à l'écart de la population. D'inexorables mécanismes d'apparence démocratique conduisaient sans encombre à la reproduction des élites en place. Un cloisonnement du parti en « courants » régis par la représentation proportionnelle et assurés d'une stabilité aussi complète que les instances dirigeantes de l'Union soviétique à l'ère Brejnev.

Et puis, cet imprévisible accident. Une femme ordinaire, que personne jusqu'ici ne prenait au sérieux, qui vient rafler la mise au nez et à la trompe de tous les éléphants ! Contre Laurent Fabius, François Hollande croyait avoir fait le plus dur. Le voilà pris au piège qu'il avait tendu à d'autres, et par qui, on vous le demande ? Par sa compagne, celle qui lui a donné quatre enfants et a observé une fidélité conjugale à toute épreuve.

À bien y réfléchir, l'épisode sort de l'ordinaire et paraît relever de la politique fiction : un pied dans la presse du cœur, l'autre dans le roman picaresque ! Je n'entends pas ici examiner si le choix de Ségolène Royal par les militants, auxquels s'est ajoutée une vague de nouveaux adhérents à 20 euros, était bon ou mauvais. Mais il a eu lieu, et pour notre propos, c'est le plus extraordinaire. Dans le système représentatif traditionnel, le choix du candidat est toujours l'apanage des professionnels. En conservant le monopole sur la désignation du candidat, la classe politique en place assure sa propre reproduction et ne laisse au peuple que l'apparence d'une libre élection. Car la clé du système, c'est la désignation des candidats et, de l'extrême droite à l'extrême gauche, les membres de la classe politique l'ont toujours entendu ainsi. Dans le schéma théorique de la démocratie représentative, l'image qui s'impose est celle de la pyramide. La « base » recrute des militants qui désignent des élus qui s'entendent sur des dirigeants. Ce n'est là qu'une apparence trompeuse destinée à faire entériner par le peuple le choix des élus ; en vérité un système parfaitement oligarchique. Car, dans la réalité, ce sont les dirigeants appuyés sur leurs militants répartis en courants disciplinés qui désignent les candidats. Il ne reste au peuple qu'à voter, c'est-à-dire à choisir entre les « listes de notabilités », selon l'expression de Sieyès, établies par chacun des partis.

C'est ainsi que la désignation de Ségolène Royal contre le gré de la quasi-totalité des dirigeants du PS fut un véritable coup de force contre la règle non écrite du parti. Les « éléphants » réagirent en propriétaires légitimes dépossédés de leur bien. D'où, d'emblée, l'entreprise de délégitimation de la candidate désignée. Contrairement à la règle habituelle, on ne craignit pas de faire le jeu de l'adversaire (Nicolas Sarkozy) en jetant le doute sur ses compétences. La droite, la presse, la télévision, et bientôt, une fraction de l'opinion, ne firent que s'engouffrer dans la brèche ouverte par les dirigeants socialistes. La confrontation de Ségolène avec ses concurrents, Dominique Strauss-Kahn et Laurent Fabius, prit des allures d'ordalie médiévale. Et après cela, on feignit de s'étonner qu'elle fût souvent hésitante dans ses affirmations ! Elle était attendue à tous les tournants de l'épreuve. Pas de cadeau à qui a brisé l'omerta !

Ce processus d'autodémolition du Parti socialiste, opéré sur le dos de sa championne, n'était pourtant que la contrepartie du véritable enthousiasme qu'elle avait déclenché dans le peuple de gauche, et même au-delà. Tandis que les élites voyaient en elle un mélange de Joan Baez et d'Evita Peron, le peuple la reconnaissait comme porte-parole du non-dit politique, la restauratrice des pouvoirs qu'on lui avait confisqués.

C'est pourquoi la mise en parallèle de l'émeute électorale du 29 mai 2005 et de la sédition royaliste de 2006-2007 s'impose. Il importe peu que Ségolène Royal ait préconisé le oui au fameux référendum : beaucoup de partisans du non se reconnaissaient dans sa démarche. Sa façon de se tenir à l'écart des instances officielles de son parti n'était pas qu'une habile posture destinée à se distinguer d'une classe politique impopulaire ; elle traduisait son peu d'inclination à travailler collectivement dans le cadre convenu de l'appareil. Ce que les apparatchiks taxaient d'individualisme, de condescendance ou bien encore d'incapacité était porté à son crédit par l'électeur moyen, qui y voyait l'esquisse d'une autre façon de faire de la politique. Ces appels à l'auto-organisation des citoyens, grâce aux mécanismes de la « démocratie participative », éveillaient des échos chez d'anciens soixante-huitards et même chez des gauchistes qui avaient fait le pèlerinage de Porto Alegre, la Mecque du trotskisme municipal.

Ce sont justement les mécanismes de cette nouvelle manière de faire de la politique, identifiée au populisme et à la démagogie, qui déclenchèrent dans les appareils les réticences les plus vives. La désignation de la candidate, grâce à l'afflux soudain de militants à 20 euros, mobilisés presque exclusivement pour la circonstance, avait eu déjà à leurs yeux une connotation plébiscitaire. Les défenseurs de l'ancien ordre militant s'opposaient à ce spontanéisme populaire qui n'offrait à leurs yeux aucune garantie, ni dans la durée, ni dans le contenu. Quand, pour faire bonne mesure, Ségolène se mit à parler de façon en vérité très confuse de « jurys populaires » destinés à contrôler les élus, l'indignation s'ajouta à la perplexité : la classe politique n'allait-elle pas être condamnée à vivre en permanence sous le regard suspicieux de la populace ? Ségolène Royal était-elle en train de réinventer le mandat impératif, préconisé par Gambetta dans le programme de Belleville (1869) et bientôt abandonné par lui ? S'agissait-il seulement de formaliser des mécanismes déjà existants de participation des citoyens à l'élaboration des budgets municipaux ou de reddition des comptes de mandat, comme maints élus le pratiquent spontanément, ou bien s'agissait-il de soumettre les diverses instances délibératives, du Parlement aux conseils municipaux, au contrôle suspicieux d'assemblées effervescentes de citoyens, voire de véritables tribunaux permanents, comme la Révolution française en avait donné en 1793-1794 le détestable exemple ? Faute de préciser son projet, Ségolène Royal prêta le flanc à l'accusation de parler pour ne rien dire et encouragea fatalement les interprétations les plus défavorables. Tout réquisitoire doit clairement désigner les accusés, sous peine de voir une masse d'innocents se sentir visés au milieu de coupables potentiels. Quand on menace de faire tomber des têtes, il faut dire lesquelles : sinon on risque de précipiter contre soi une coalition de victimes virtuelles.

Tout au long de la campagne, Ségolène Royal a commis l'erreur d'envoyer des signaux plutôt que de préconiser des mesures. L'orientation en était claire, mais les conditions de réalisation douteuses. Ce fut notamment le cas au cours de la première phase, que la candidate avait voulu consacrer entièrement à l'observation et à l'écoute des observations formulées par des assemblées de citoyens. La méthode était excellente et rappelait les cahiers de doléances à la veille de la Révolution française. Mais l'exécution parut pagailleuse, pour ne pas dire désinvolte, et les résultats de cette phase d'observation insignifiants.

En somme, Ségolène tenait trop peu, au regard des espoirs qu'elle avait fait naître. Elle n'avait cessé d'en appeler à la fécondité de l'opinion publique face à la stérilité des partis, et l'opinion ne demandait pas mieux que de répondre à l'appel. Mais rien ne venait ensuite. De la consultation populaire n'était sortie aucune ligne directrice, aucun mot d'ordre de renouveau. Selon le mot célèbre, on ne conduit pas ses troupes au bord du Rubicon pour y pêcher à la ligne ; on n'en appelle pas impunément à la geste révolutionnaire de 1789 pour n'en tirer qu'un catalogue de mesures hétéroclites. La médiocrité du programme de Sarkozy, soigneusement dissimulée par une presse servile ou fascinée, n'était pas une excuse : chacun sait que, pour convaincre, un homme ou une femme de gauche a besoin davantage d'arguments qu'un homme de droite, qui dispose toujours d'une légitimité de déférence. Inavouée, la déception n'en était pas moins réelle : tout ça pour ça ! En d'autres temps, on avait fait grief à Michel Rocard d'avoir commencé par l'autogestion pour atterrir dans les cages d'ascenseur...

Symphonie en mineur

Il n'empêche ! Le rapprochement avec la deuxième gauche n'était pas fortuit. Les appels répétés de Ségolène à l'opinion publique ressemblaient fort au recours à la société civile préconisé par Rocard et ses amis. Mitterrandiste de formation, elle rejoignait par ses moyens propres les intuitions des rocardiens de naguère : pas d'action sur la société sans mobilisation de la société elle-même ! Ségolène avait vu juste, et son diagnostic était souvent proche de celui de son rival Sarkozy. Les Français veulent qu'on leur parle d'eux-mêmes plutôt que de la France. Saturés des grandes orgues et de la Politique majuscule, aux résultats inconsistants ! Fatigués du mode majeur ! *Paulo minora canamus.* Avec Royal et Sarkozy, on assista en vérité à une inversion de la pyramide des priorités (Jean-Noël Tronc) : la sécurité des individus avant la Défense nationale ; la famille avant la nation ; l'école avant la diplomatie ; l'assistance aux personnes avant l'aide au tiers monde. Tout cela manquait de panache, mais non de bon sens. Un bon sens résigné à constater une certaine impuissance de l'État dans les domaines où l'on attendait le plus de lui. Il fallait répondre aux aspirations de l'opinion publique tout en lui donnant le change ; assurer le repli en bon ordre de la France tout en sauvant les apparences. L'opinion ne demandait pas mieux que d'être trompée. C'est ce que comprit Nicolas Sarkozy, qui, à peine élu, se mua, avec une certaine maestria, en Charles de Gaulle du pauvre, jouant ici la mouche du coche (le Darfour, le Liban), là le coucou dans le nid des autres (le traité européen, les infirmières bulgares).

Il y a pourtant une différence majeure avec de Gaulle. Celui-ci « amusait la France avec des drapeaux » (Malraux), flattait l'opinion, mais c'était pour mieux se servir d'elle. Son plan d'assainissement économique et financier, orchestré par Jacques Rueff, ne manquait ni d'ampleur ni de pertinence. Nicolas Sarkozy, lui, se contentait de satisfaire cette opinion, sans grand dessein de derrière. Nulle part, à la faveur de l'état de grâce permettant une certaine rigueur, l'équivalent de l'agenda 2010 du chancelier Schröder, qui naguère sonna le signal du redressement tonitruant de l'Allemagne ; rien non plus qui évoquât Blair ou Thatcher. Moins éloigné du Chirac radical-socialiste que ne le disait la presse, Sarkozy paraissait n'avoir d'autre boussole que l'opinion. À celle-ci s'applique aisément le vieux dicton concernant l'argent : bon serviteur, mauvais maître.

Mais je ne voudrais pas laisser croire que la prise de pouvoir de l'opinion sur la scène politique soit quelque chose de récent. Nous parlerons plus loin de ses origines. En se limitant à la période contemporaine, il n'est pas difficile d'en trouver des manifestations éclatantes. À commencer par le second règne du général de Gaulle (1958-1969). Certes, au moment où il fut rappelé par le président Coty pour dénouer la crise algérienne (mai 1958), l'homme du 18-Juin était pratiquement oublié des Français. Crédité de moins de 10 % d'opinions favorables dans les sondages. Presque absent de la presse et des médias. Sa cote de popularité était dormante, comme il y a des eaux dormantes et des réseaux de renseignement dormants. Il suffit pourtant que son nom fût prononcé une fois pour qu'il redevienne ce qu'il n'avait jamais cessé d'être : l'homme le plus populaire de France.

Il est surtout celui qui n'a jamais cessé, au cours de sa carrière, de jouer l'opinion publique contre les pouvoirs établis. Le discours du 18 juin n'avait pas d'autre sens : faire appel d'un gouvernement de circonstance – celui de Pétain – à la vocation profonde de la France, opposer à l'abaissement du « pays légal » la fierté du « pays réel ». Maurrassisme ? Nullement. Le pays réel que Maurras opposait rituellement au pays légal était en réalité un pur fantasme. Celui de De Gaulle une promesse qui ne demandait qu'à s'accomplir. C'est un fait en tout cas que de Gaulle n'a cessé de jouer l'opinion publique contre les partis et les institutions. Y compris lorsque lui-même fut à la tête de l'État. Le mini-coup de force juridique qui lui permit, au lendemain de l'attentat du Petit-Clamart, de l'emporter à lui tout seul sur le front uni de ses ennemis (le fameux « cartel des non » de 1962) reposait sur une confiance absolue dans son pouvoir sur l'opinion. Ainsi avait fait Mao Tsé-toung, avec son fameux mot d'ordre : « Feu sur le quartier général ! » Donc, jouer l'opinion contre les institutions, c'est se comporter en dictateur ? Pas nécessairement. Nous sommes ici sur une crête étroite, où chaque pas doit être soigneusement mesuré. Si le leader se contente de jouer de sa popularité pour faire taire toute forme d'opposition, alors, en effet, la dérive vers le pouvoir personnel est incontestable. Si, au contraire, on assortit au constat de cette popularité la ratification du suffrage universel libre et non manipulé, on est dans le leadership démocratique. Le départ sans phrases de De Gaulle au lendemain du référendum négatif du 28 avril 1969 vaut absolution démocratique rétrospective pour tous les actes antérieurs du général de Gaulle.

Reste qu'à tous égards de Gaulle a inauguré en France le passage de la démocratie représentative classique à la démocratie d'opinion que nous connaissons maintenant. Une des raisons pour lesquelles le retour au pouvoir du général de Gaulle ne s'apparente pas à un putsch dictatorial, c'est que, outre l'ample ratification de ce retour par le peuple, la plupart des orientations de sa politique étaient conformes au vœu des Français. J'ai montré (*Que sont les grands hommes devenus ?*, Saint-Simon, 2004) que, dès 1945, contre l'avis des partis, les Français étaient en majorité favorables à l'élection du président de la République au suffrage universel ; plus surprenant : que, dès 1946, ils étaient partisans d'une force de frappe française ; que, dès 1957, ils souhaitaient que les forces américaines quittent la France ; et qu'enfin, de manière constante et massive, ces mêmes Français, favorables à l'unification européenne, considéraient le général de Gaulle comme un partisan décidé de celle-ci. Ainsi, loin d'entraîner les Français sur des chemins dont ils ne voulaient pas, grâce à son prétendu pouvoir de fascination, de Gaulle ne faisait dans ses propres décisions qu'aller au-devant de leurs désirs. C'est dire qu'à l'ère moderne le système représentatif classique est devenu mauvais conducteur de la volonté générale et a besoin de compléments. Nous sommes ici, je le répète, non dans le pouvoir charismatique pur, au sens de Max Weber, mais dans le leadership démocratique, pratiqué avant de Gaulle lui-même, par des hommes comme Franklin Delano Roosevelt et Winston Churchill. Faute de trouver dans le système représentatif un canal propre à sa circulation, la démocratie d'opinion est obligée d'emprunter celui d'un pouvoir semi-représentatif, semi-charismatique. Il faudra se souvenir de cette remarque lorsque nous examinerons, *in fine*, des solutions au problème posé par l'émergence de l'opinion sur la scène publique.

Quand le suffrage capitule devant « la rue »

Au demeurant, on a vu, dans une période plus récente, des gouvernements successifs abandonner leurs engagements électoraux quand ils constataient que la majorité des citoyens y étaient devenus défavorables. L'idée qu'en élisant un homme ou une majorité parlementaire le corps électoral est censé avoir ratifié en bloc l'ensemble des orientations des candidats, cette idée-là est une pure fiction. Elle ne résiste pas un instant à l'examen des situations. La démocratie véhicule avec elle autant de mythes – sinon plus – que par exemple la monarchie de droit divin. L'idée de la ratification en bloc du programme d'un candidat était à la rigueur admissible aussi longtemps que la démocratie n'a connu d'autre voie que le suffrage universel ; mais, dès lors qu'elle est, comme aujourd'hui, la résultante de multiples canaux d'information et de délibération, le monopole du suffrage comme expression de la volonté générale n'est plus défendable.

J'en prendrai quelques exemples. En 1984, Alain Savary, alors ministre de l'Éducation nationale dans le gouvernement Mauroy, décida de mettre en œuvre la promesse du candidat Mitterrand d'établir en France « un grand service public de l'Éducation nationale » censé unifier, sans contrainte ni monopole, l'enseignement public et l'enseignement privé. À tort ou à raison, les dirigeants de ce dernier, appuyés par les parents d'élèves et une fraction majoritaire de l'opinion publique, estimèrent qu'il s'agissait là d'une menace sur le privé et sur la liberté de l'enseignement en France. Les mouvements allèrent croissant en nombre et en ampleur au cours du printemps, jusqu'à culminer dans la grande manifestation de Paris (24 juin 1984) estimée à près d'un million et demi de personnes. Pris dans un *double bind* – renoncer à appliquer son programme dûment ratifié par le peuple ou ne pas tenir compte de l'ampleur de l'opposition –,

François Mitterrand n'hésita pas. En politique réaliste, il se refusa à sacrifier son septennat au respect de l'une de ses promesses électorales et choisit sans barguigner la première solution. Désavoué, Alain Savary démissionna, suivi à trois jours de distance par le gouvernement lui-même. L'opinion venait de l'emporter de manière éclatante sur le suffrage.

Dix ans plus tard, la gauche, humiliée par cette reculade, eut sa revanche. Cette fois-là, c'est la droite qui avait gagné les élections législatives, avec dans son programme – personne sur le moment n'y avait pris garde – la modification de la loi Falloux (1850) sur le financement des écoles primaires, aboutissant à l'accroissement des crédits en faveur de l'enseignement privé. À leur tour, les laïques mobilisèrent ; une grande manifestation eut lieu à Paris (16 janvier 1994), qui rassembla deux cent mille personnes. C'était la même situation que précédemment, mais inversée. Jacques Chirac et François Bayrou, sans hésiter, imitèrent de François Mitterrand la sage prudence. Le projet de loi fut retiré ; à nouveau, la rue l'emportait sur les urnes.

Enfin, plusieurs cas récents permettent de mesurer l'ampleur du recul de la loi face à l'opinion : ainsi le défunt CPE (Contrat de première embauche), présenté par Dominique de Villepin, et voté par l'Assemblée nationale, donc inattaquable du point de vue de la légalité. Sans égard pour la loi, les étudiants mobilisèrent et firent appel à l'opinion publique. Le succès fut éclatant.

Malgré sa volonté de résistance, le Premier ministre, abandonné par sa majorité, dut céder. Le processus de diabolisation, que l'on connaît bien depuis 1968, joua à plein. Cette loi, en vérité anodine, fut en un tournemain taxée de tous les maux : responsable du chômage, de la dégradation du contrat de travail, des licenciements, et l'on en passe. Cette façon qu'ont les étudiants de crier « au loup ! » quitte, un peu plus tard, à prétendre que c'était pour rire marque une régression fâcheuse de la conscience politique. L'expression métaphorique ne saurait tenir lieu de langage politique. Elle s'apparente à la pensée magique. Tôt ou tard, il faudra payer l'addition de ce laxisme de la pensée.

En attendant, comment sortir de l'imbroglio juridique ? Comment capituler en rase campagne alors qu'on avait obtenu gain de cause au Parlement ? Piteusement, le président de la République Jacques Chirac déclara que la loi serait promulguée, mais qu'elle ne serait pas appliquée. Lamentable précédent dont, dans le soulagement de l'instant, on n'a pas assez mesuré la portée. La loi ne fait plus la loi en France. Pour être applicable, elle a désormais besoin d'une double ratification : celle du Parlement, celle de la rue. Mais, si l'on sait bien ce qu'est l'élection, on hésite davantage à définir les dimensions et les prérogatives de « la rue ». Et l'on peut lui faire dire à peu près n'importe quoi.

Enhardis par cette victoire en rase campagne contre le CPE (2006), quelques groupes d'étudiants d'extrême gauche sont repartis en guerre à l'automne 2007 contre la loi sur l'autonomie des universités, dite loi Pécresse, qu'un Parlement fraîchement élu avait adoptée au début de l'été. On peut difficilement afficher plus grand mépris à l'égard des institutions de la République. Blocage des universités par quelques gros bras, noyautage et manipulation des assemblées générales, diffusion de fausses nouvelles, exploitation des peurs étudiantes, usage de l'intimidation et de la violence : tout l'arsenal d'un trotskysme de traîne, démagogue et truqueur, adepte d'un bizarre corporatisme révolutionnaire et de moins en moins respectueux des règles de la démocratie. Quand l'extrême gauche affiche un tel irrespect de la loi et de la majorité, elle se place de facto sur la voie qui la conduisit jadis au stalinisme.

Extension du domaine de l'opinion

Le Parlement, c'est-à-dire le pouvoir législatif, n'est du reste pas le seul à voir son fonctionnement normal entravé par le poids croissant de l'opinion. Il en va de même du pouvoir judiciaire. Qui pourrait désormais nier que les juges – et les jurés – rendent la justice avec le souci constant, quasi obsessionnel, de complaire à l'opinion ?

C'est l'évolution des esprits qui, parallèlement à la libération des mœurs, exige des châtiments de plus en plus lourds pour les crimes sexuels, et notamment la pédophilie. Celle-ci, qui fut longtemps une activité à connotation quasi littéraire, est aujourd'hui punie presque à égalité avec l'homicide. Gide et Montherlant risqueraient de nos jours de lourdes condamnations, en plus de l'opprobre de l'opinion, pour le tourisme sexuel dans les pays arabes dont ils se vantent si souvent dans leurs écrits. Le viol, qui fut longtemps regardé lui aussi avec quelque indulgence, est devenu le crime des crimes ; il déshonore plus que le meurtre. On sait enfin comment la double obsession de la pédophilie criminelle et du viol, renforcée par l'affaire Dutroux en Belgique et par « la marche blanche » qui s'est ensuivie, a pesé sur le procès d'Outreau, au point d'aveugler le juge d'instruction Burgaud et avec lui tout l'appareil judiciaire de Douai.

La justice rendue sous le coup de l'émotion, de la colère, du désir de vengeance et de l'appel à l'exemplarité voit son esprit dénaturé et se transforme en une sorte d'ordalie, où les lois de la République cèdent le pas à la loi de Lynch.

« Chassez-la du prétoire, cette intruse, cette prostituée qui tire le juge par la manche ! » s'écriait un jour à propos de l'opinion l'un des plus grands avocats du siècle passé, Me Vincent de Moro-Giafferi.

Non seulement la fille des rues est toujours là, mais elle siège désormais en surplomb par-dessus les magistrats, dont elle surveille la moralité sociale.

Il suffit enfin de se tourner du côté de la vie économique pour constater que ce que la loi est impuissante à faire, l'opinion y parvient parfois. Témoin le « commerce équitable », l'« agriculture rationnelle », qui font entrer la sensibilité de l'époque et la norme éthique du moment dans les eaux glacées du calcul égoïste. Mieux, ou pis, encore : c'est elle, cette inconstante, cette évanescente, qui est désormais chargée d'arbitrer les plus pesants de tous les conflits, je veux dire les conflits du travail. Longtemps les travailleurs se sont mis en grève pour faire plier le patron en le frappant au coffre-fort : une grève coûte cher au salarié, mais souvent plus encore à l'employeur. Aujourd'hui, on se met en grève pour en appeler à ce suprême juge de paix que l'on nomme opinion publique. Que l'on parvienne à la faire basculer de son côté et la guerre est gagnée : c'est l'opinion elle-même qui se chargera, par les moyens de la réprobation, de faire céder la partie récalcitrante. On a vu en 1995 ce que l'on nomme depuis des « grèves par procuration » : les travailleurs les moins bien placés appuyant ceux dont le pouvoir de nuisance est maximal (les travailleurs des transports) pour faire aboutir leurs propres revendications.

La grande différence avec les grèves de 1995 et celles de l'automne 2007 sur le même sujet, les régimes spéciaux des cheminots et d'un certain nombre d'autres catégories, c'est qu'entre-temps l'opinion avait changé de camp. Du coup, la légitimité aussi, situation nouvelle que Nicolas Sarkozy a habilement exploitée.

Ce n'est pas que la lutte des classes n'existe plus, mais elle est devenue virtuelle et se déploie dans le champ du symbolique : où l'on voit que l'opinion est souvent de la violence ritualisée et transformée en simple mimique, comme dans ces combats de karaté où les mouvements ne sont qu'esquissés, afin de limiter les dégâts physiques de l'engagement. Le recours à l'opinion va donc dans le sens de la pacification des mœurs.

Les deux légitimités

Le vote procède d'une vision légaliste de la politique. Il a perdu son monopole, mais il n'a pas perdu sa légitimité. Elle est la condition de la démocratie, qui est refus de l'arbitraire. L'opinion, elle, relève d'une vision sociologique des choses : elle n'a pas de légitimité en soi ; elle est un état de fait avec lequel il serait dangereux de ne pas compter. Quant à « la rue », elle exprime une vision dynamique des choses et entérine un rapport de forces plutôt qu'une situation de droit. C'est pourquoi elle autorise toutes les dérives violentes, prompte à confondre la force spontanée avec une forme de légitimité prétendument supérieure à la loi. C'est pourquoi elle est le terrain commun à l'ultradémocratisme et au fascisme à l'état brut. La rue, comme expression d'une opinion forte mais pas nécessairement majoritaire, peut en démocratie précéder l'expression du suffrage et de la loi, à qui doit appartenir le dernier mot. Dans le cas contraire, si elle suit le suffrage et vise à le corriger, elle est nécessairement factieuse. Ce recours à l'action factieuse, quand l'opinion puis le suffrage vous ont donné tort, constitue aujourd'hui la tentation majeure de l'extrême gauche, quand bien même elle invoque des motivations sociales, et même justicialistes.

Au total, il existe donc trois instances d'expression de la volonté populaire : le suffrage, l'opinion, la rue. Le suffrage a pour lui l'universalité ; l'opinion la permanence ; la « rue » l'intensité. L'opinion occupe une position moyenne. À la différence du suffrage, elle n'a aucune autorité légale ; c'est un pouvoir de fait, comme la rue. En revanche, la règle de la majorité s'y exerce, et de ce point de vue elle rejoint le suffrage. Comme lui, elle exclut toute violence, ce qui n'est pas toujours le cas de la rue.

Trois instances, donc, mais deux légitimités seulement ; l'une est légale, l'autre n'est qu'un pouvoir de fait. Le conflit entre ces deux légitimités, désormais présent dans la démocratie quotidienne, pose la question du dénombrement des opinions. Le suffrage universel, fondé sur la philosophie des droits de l'homme, postule que tous les votes ont une égale valeur. Un homme égale une voix parce qu'un homme égale un homme. En va-t-il de même quand il s'agit de l'opinion ? Une opinion forte, fondée sur la conviction et sur l'expérience, ne vaut-elle pas plus qu'une opinion faible, fondée sur l'arbitraire du jugement ? Pour revenir à un exemple cité plus haut, celui des délais requis pour venir à bout du cancer, quel sens y a-t-il à additionner les opinions d'un biologiste ou d'un professeur de médecine avec celles de la crémière ou du percepteur ? Il n'est pas vrai que chacun de nous ait des opinions sur tout ; si l'on nous force à en exprimer sur un sujet que nous ne connaissons pas ou qui ne nous intéresse pas, leur degré de fiabilité est à peu près égal à celui qui résulterait d'un simple tirage au sort. La prolifération des enquêtes d'opinion est une maladie infantile de la démocratie nouvelle. Ou bien elle obéit à une logique commerciale (préférez-vous le short ou le bermuda, les pêches jaunes ou les pêches blanches ?) ; ou bien elle applique aux problèmes quotidiens de la société la logique du scrutin politique (Voulez-vous que Gaëtan ou Théodule soit candidat à la présidence de la République ; Voteriez-vous pour un candidat favorable à l'euthanasie, etc.) En vérité, le système sondagier repose sur la logique du marché : à tout moment il existe un cours du dollar et de l'euro ; à tout moment il existe un prix du mètre carré habitable à Quimper ou à Draguignan. À quoi s'ajoute la question de la date de péremption. Sauf le jour du scrutin, le sondage est toujours plus récent que le vote. François Goguel, célèbre politologue, professait que, en matière de scrutin, c'est le plus récent qui fait autorité. Quelle que soit la durée du mandat, la légitimité de celui-ci se trouve amoindrie si entre-temps une élection plus récente, fût-ce à un autre niveau, vient en contredire l'orientation. Un président élu confortablement verra son autorité diminuée si un peu plus tard son parti est battu aux municipales qui ne le vise pourtant pas directement. C'est bien cette logique incontournable de la consultation la plus récente qui a joué lors des manifestations en faveur de l'école privée puis de l'école publique. Les manifestations n'avaient nullement le pouvoir d'abolir la légitimité du mandat obtenu lors d'une élection générale ; mais elles étaient plus récentes.

La manif n'est pas le sondage, et inversement

Il y a une grande différence entre le sondage, qui additionne les opinions quelle que soit leur intensité, et la manifestation, qui ne met en évidence que celles qui sont à leur intensité maximale. On peut être favorable ou hostile aux OGM, à l'énergie nucléaire, à la construction européenne ou à la peine de mort sans être prêt à *manifester* publiquement et fortement son point de vue. Le sondage, comme le suffrage, est démocratique en ce sens qu'il tient compte de tout le monde. La manifestation (« la rue ») est au contraire le moyen d'expression de minorités agissantes. « Une opinion a beau être répandue, elle ne manifeste guère si elle est modérée ; mais si peu répandue que soit une opinion violente, elle manifeste beaucoup [1] », écrit Gabriel de Tarde, un des sociologues français les plus lucides et les plus inventifs du début du siècle. Une manifestation, fût-elle massive, ne signifie donc nullement que la majorité de la population est favorable au point de vue qui s'y exprime. On a souvent souligné que, le 28 avril 1944, à quelques mois de la libération de Paris, le maréchal Pétain y fut accueilli par une foule enthousiaste. Faut-il en conclure que ce furent les mêmes qui, à quelques semaines de distance, acclamèrent Pétain et de Gaulle ? Pas nécessairement. Dans le contexte de la fin de l'Occupation, les esprits étaient chauffés à blanc, de sorte que les opinions fortes étaient des deux côtés en quantité supérieure à ce qu'elles sont dans les jours ordinaires. Une grande ville comme Paris a la capacité de fournir des cortèges nombreux à des points de vue très différents, comme on l'a vu encore lors de la récente présidentielle, où les meetings de tous les candidats attiraient la foule.

1. *L'Opinion et la foule*, 1901, 4e éd., 1922. p. 68.

Que conclure de ces remarques ? Que le suffrage n'est plus, *de facto*, la seule source d'expression de la volonté populaire ; et, partant, de la légitimité démocratique. Il a désormais à compter avec la concurrence. Il n'est plus qu'un cas particulier, privilégié sans doute, mais non unique, parmi les moyens modernes d'expression. Ce monopole électoral de l'expression de la volonté générale appartient au passé. Suffrage, médias, sondages, manifestations : quatre moyens d'expression qui se concurrencent, se complètent ou, à l'occasion, se contredisent. La fin du monopole du suffrage signifie la fin de l'hégémonie de la démocratie représentative classique. Il faut se faire une raison et se résigner à admettre que la séquence : volonté populaire → élection → représentation → gouvernement appartient au passé, pour autant qu'on persiste à la considérer comme unique. Le sacre électoral du représentant du peuple par le suffrage universel apparaîtra un jour aux nouvelles générations aussi archaïque, aussi baroque et aussi inopérant que le sacre du roi Charles X à Reims en 1825.

C'est néanmoins un fait : nous ne disposons pas aujourd'hui de la formule permettant de donner aux diverses formes de légitimité démocratique une reconnaissance institutionnelle. Parce qu'elle n'est pas maîtrisée et intégrée dans les institutions, la pluralité d'expression des opinions est à la source de la crise latente des démocraties modernes.

II

L'IRRÉSISTIBLE MONTÉE DE L'OPINION

Avant d'être le concept politique que nous venons de voir, l'opinion est d'abord un concept philosophique : c'est la forme inférieure de la connaissance, qui s'oppose à sa forme supérieure, à savoir la science. Dans *Le Banquet*, Socrate décrit l'opinion comme un milieu entre la science et l'ignorance. Elle désigne un savoir pratique, qui peut nous servir de guide dans nos actions, sans prétendre à la certitude. Elle n'est pas, ajoute Platon dans *Le Ménon*, un plus mauvais guide que l'intelligence ; « Une opinion vraie n'est pas moins utile que du savoir. » Je *sais* que la Lune est un satellite de la terre ; c'est une chose démontrable et accessible à toute forme d'intelligence. Mais je *crois* que Dieu existe et, si forte que soit ma conviction, elle n'est pas communicable à tout esprit rationnel.

L'insupportable preuve

Dans un des romans les plus excitants de la période récente, *Le Coin du voile* (Gallimard, 1996), Laurence Cossé imagine qu'un religieux de banlieue vient de faire la démonstration incontestable de l'existence de Dieu, telle qu'aucun esprit ne peut éviter de s'y soumettre. La nouvelle se répand comme une traînée de poudre ; la vie politique s'arrête, les activités économiques sont paralysées, les Églises qui ont pour mission de répandre la croyance n'ont plus de raison d'être. À quoi bon s'agiter en cette vie, vaquer aux affaires terrestres, si nous avons la certitude absolue que Dieu existe ? L'ankylose est totale ; c'est alors que, dans sa sagesse séculaire, l'Église fait disparaître l'inventeur en même temps que sa découverte, rendant les hommes à leurs croyances et à leur fanatisme.

La leçon politique de cet apologue est claire. Les passions qui s'attachent aux croyances n'existent que parce qu'elles ne reposent pas sur une certitude absolue. Le jour où il fut évident que la Terre tournait autour du Soleil, ce fait bascula du statut d'opinion à celui de vérité scientifique et fut définitivement mis à l'abri des sables mouvants de l'idéologie. Qu'est-ce donc qu'un fanatique ? Un homme qui doute de ce qu'il croit et qui compense par son intransigeance les angoisses de l'incertitude.

Un pas supplémentaire est franchi par Aristote, qui reconnaît, en dehors de son rapport à la science, une valeur propre à l'opinion, qui est d'ordre politique : c'est une modalité de la démocratie délibérative. En exprimant des opinions, le citoyen exerce un droit qui n'est pas lié à ses compétences, mais à sa qualité d'usager. « La multitude, écrit-il, est composée d'individus qui, séparément, sont des gens sans valeur, mais est néanmoins susceptible, prise en corps, de se montrer supérieure à l'élite... Non à titre individuel, mais collectif. » Autrement dit, la compétence du citoyen est d'un autre ordre que celle du technicien. Ainsi, l'acheteur d'une automobile, fût-il totalement incompétent en mécanique, exerce sa compétence d'usager qui l'amène à décider souverainement si cette voiture fonctionne bien ou non ; compétence d'une nature différente de celle de l'ingénieur, qui lui permet d'imaginer les moyens techniques de la faire fonctionner. Le consommateur est un technicien d'usage ; l'ingénieur est un technicien de fabrication.

Retour avec Descartes à la distinction platonicienne entre la science et l'opinion. Certes, le bon sens est la chose du monde la mieux partagée. Pour autant, il est loin d'être infaillible ; une opinion largement répandue a une importance capitale pour le politique, obligé de tenir compte du point de vue de ses commettants ; mais sa diffusion ne lui confère aucune autorité scientifique ; d'où le précepte de Descartes : il faut « suspendre les anciennes opinions que nous avons reçues de nos nourrices ».

À partir de quand le concept d'opinion, dont le statut scientifique est médiocre, passe-t-il dans le champ politique, où il bénéficie d'emblée d'une immense autorité ? Nous avons vu que c'est déjà le cas chez Aristote. À partir de *La Chronique de Charles VI*, de Michel Pinton, chantre à l'abbaye royale de Saint Denis, le grand médiéviste Bernard Guenée a pu écrire un livre sur *L'Opinion publique à la fin du Moyen Âge* (Perrin, 2002), où il note à la fin du XIVe siècle les réactions des gens à des événements comme la folie du roi, le bal des Ardents, la défaite d'Azincourt, recourant à des concepts très modernes tels que l'opinion des élites ou la constitution de groupes de pression. En vérité, si l'on excepte le cas des régimes totalitaires (et encore il y avait des formes d'opinion dans l'Allemagne nazie, dont Hitler tenait compte), le concept d'opinion est étroitement lié à l'existence même de la politique, c'est-à-dire à la gestion de la Cité. Comme on pouvait bien l'imaginer, Machiavel, au début du XVIe siècle, recense l'opinion publique comme un paramètre incontournable, dont le Prince doit tenir compte pour se maintenir au pouvoir.

« Comme une reine »

Mais c'est Pascal qui donne au concept d'opinion son statut politique, en des termes, comme souvent, d'une actualité stupéfiante. L'auteur des

Pensées partage avec Rousseau le rare génie de porter un regard neuf sur les problèmes qu'il approche et d'en renouveler complètement les termes. C'est pourquoi il faut s'attarder un instant sur sa conception.

Pascal est un des tout premiers à avoir fait de l'appui de l'opinion publique le critère de la légitimité du souverain. En ce sens, il est un des penseurs majeurs de la démocratie, considérée comme science du consentement au pouvoir. C'est ici une vision totalement réaliste et pragmatique de ce pouvoir qu'il exprime, conformément à la distinction des ordres. Pas question de droit divin, ni de légitimité dynastique, ni de droit naturel. Dans l'ordre de la force, ce sont les rapports de forces qui commandent. Nous voilà loin de Bossuet et même de Saint Augustin. C'est pourquoi (pensée 477, dans l'édition Le Guern de la Pléiade) Pascal commence par dire, contrairement à la fameuse formule qui a donné son titre à cet essai, que « la force est la reine du monde, et non l'opinion ». Car « la force règne toujours », tandis que l'empire fondé sur l'opinion et l'imagination règne quelque temps, et « cet empire est doux et volontaire » (561). Il existe donc des périodes privilégiées fondées sur la conciliation entre la force, à laquelle on ne peut jamais échapper, et l'opinion, qui a parfois voix au chapitre.

Mais quand et comment se produisent ces moments de grâce ? Quand la majorité – Pascal dit « la pluralité » – admet comme légitime le pouvoir en place, qui de toute façon repose en première instance sur la force. Dans ces instants de grâce, la force n'a pas besoin d'avoir recours à la force, puisqu'elle n'est pas contestée. Le vainqueur est toujours pacifique, fait remarquer Clausewitz, et ne souhaite rien tant que de voir son coup de force entériné par le consentement de la majorité. C'est pourquoi apparaît alors le règne de l'opinion, qui est « doux et volontaire », bien qu'il conserve en dernière instance la force comme soubassement. Ainsi, la force n'a qu'un désir, c'est de ne pas avoir recours à elle-même et au contraire de se donner pour ce qu'elle n'est pas vraiment : le résultat d'un consensus. Seul le nombre confère la légitimité. Sans le concours de l'opinion, la force, par définition minoritaire, apparaît comme un tyran, c'est-à-dire un pouvoir illégitime. Nous ne sommes ici pas loin de Max Weber, pour qui l'État est « le monopole de la violence légitime ».

Voilà pourquoi – car on cite toujours Pascal inexactement – « l'opinion est *comme* la reine du monde (561) tandis que la force en est le tyran ». Minoritaire, sans doute ; illégitime, certes ; mais toujours présente et prête à intervenir. L'opinion est la reine, mais c'est une reine constitutionnelle, qui sait qu'à tout moment la force peut reprendre le pouvoir. Elle n'est pas tout à fait la reine du monde, elle est « comme » la reine du monde ; elle a les apparences du pouvoir suprême, mais elle ne fait pas ce qu'elle veut. Il faut qu'elle évite d'abuser de son pouvoir formel et de déclencher un conflit.

Car, « les guerres civiles [étant] le plus grand des maux » (87), il ne faut pas s'opposer frontalement à la force, de crainte de produire un mal plus grand encore. Il faut ruser. Comment ? Eh bien ! en amadouant la force, en la déguisant à son tour en pouvoir politique. Puisque, de toute façon, les lois sont arbitraires, faisons donc des lois propres à éviter la guerre civile :

« Sans doute l'égalité des biens est juste ; mais, ne pouvant faire qu'il soit force d'obéir à la justice, on a fait qu'il soit juste d'obéir à la force ; ne pouvant fortifier la justice, on a justifié la force, afin que la justice et la force fussent ensemble, et que la paix fût, qui est le souverain bien » (76).

« L'égalité des biens est juste, mais... » : donc, pas de révolution sociale si elle doit se traduire par la violence et par la guerre civile. Il faut que « la justice et la force fussent ensemble » : le voilà, le véritable compromis historique.

Mais, au fait, qu'est-ce donc que l'opinion ? L'opérateur historique du consentement démocratique. Elle exprime la loi de la majorité, qui n'est pas le contraire de la force, mais la force du nombre exprimée pacifiquement. « L'opinion est celle qui use de la force... C'est la force qui fait l'opinion » (477). Est-elle donc plus raisonnable que la force ? Pas du tout ; mais le nombre est une force en soi, peut-être même la seule force capable de résister à la violence pure : « Pourquoi suit-on la pluralité ? Est-ce à cause qu'ils ont plus de raison ? Non, mais plus de force » (604).

Voilà pourquoi Pascal, de façon politique, pose le problème démocratique par excellence, celui dont la solution est, aux yeux des doctrinaires de la monarchie de Juillet, l'urgence démocratique par excellence : l'organisation de l'opinion publique.

N'attendons pas de Pascal une réponse technique à un problème dont il avait anticipé les données, mais qui ne se posait pas encore concrètement en son temps. Exprimée en termes modernes, la solution qu'il esquisse est conforme aux canons de la démocratie réformiste : c'est l'alliance du peuple, des intellectuels réalistes et des hommes de conviction contre les militants et les fanatiques. En termes pascaliens : du peuple, des habiles et des chrétiens parfaits contre les demi-habiles et les dévots. Cette pensée, l'une des plus fascinantes de Pascal, véritable fondement de sa philosophie politique, expose, sous le nom de « raison des effets », une dialectique ascendante dans la hiérarchie des opinions. Il faut la citer en entier :

« *Raison des effets.* Gradation : le peuple honore les personnes de grande naissance, les demi-habiles les méprisent, disant que la naissance n'est pas un avantage de la personne, mais du hasard ; les habiles les honorent, non par la pensée du peuple, mais par la pensée de derrière ; les dévots qui ont plus de zèle que de science les méprisent, malgré cette considération qui les fait honorer par les habiles, parce qu'ils en jugent par une nouvelle lumière que la pensée leur donne ; mais les chrétiens parfaits les honorent par une autre lumière supérieure. Ainsi se vont les opinions se succédant du pour au contre, selon qu'on a de lumière » (83).

Pas de doute pour Pascal : la hiérarchie des opinions est une hiérarchie du savoir, et peut-être aussi de l'intelligence. Mais les opinions de ceux qui ont moins de lumière ne doivent pas être méprisées ; elles doivent être comprises, grâce à un prisme supérieur. Le respect de la hiérarchie sociale, qui est le fait du peuple, est absurde ; les demi-habiles ont raison là-dessus. Mais seuls les habiles comprennent que, pour des raisons erronées, le peuple n'en a pas moins des « opinions saines » : celles qui évitent la guerre civile et permettent de trancher commodément les questions sociales les plus délicates.

Laissons-là l'orientation conservatrice que l'on peut tirer de la dialectique pascalienne. Comme on l'a suggéré, elle est également grosse de la révolution démocratique. Car « la pluralité est la meilleure voie »... Mais, surtout, on est tenté d'appliquer à l'opinion publique moderne tout entière le propos de Pascal. L'opinion publique n'a pas toujours raison. Mais il y a de bonnes raisons de lui donner raison, au nom de la « pensée de derrière ». C'est-à-dire des intérêts supérieurs du consentement social, qui est le plus grand des biens.

Au total, la politique de Pascal est fondée sur une dialectique ascendante, qui, loin de procéder par destruction d'éléments contraires non comme chez Hegel, procède par accumulation. Pierre Magnard, l'un des meilleurs commentateurs de Pascal (*Nature et histoire dans l'apologétique de Pascal*, Les Belles Lettres, 1975 ; plus récemment, *Pascal, la clé du chiffre*, La Table ronde, 2007), propose l'image mathématique d'« une spirale autour d'un cône ». Le fidéisme du peuple, l'ironie des demi-habiles, l'humour des habiles, le négativisme des dévots, la sagesse des chrétiens parfaits, tout concourt à cette spirale ascendante, même si Pascal ne cache pas son inclination pour les numéros impairs (le peuple, les habiles, les chrétiens) : car le peuple et les habiles « composent le train du monde ». « Penser comme le petit nombre mais parler comme la foule », dit Baltasar Gracián (*L'Homme de cour*, 1647), que cite ici Pierre Magnard. La politique idéale de Pascal est une dialectique de la force et de l'opinion arbitrée par la coutume. Ce n'est là ni conservatisme ni révolution, mais une sorte de progressisme pragmatique, dont les limites sont à chaque instant indiquées par la coutume. Mais la principale originalité de l'auteur des *Pensées* – car de tout temps les penseurs politiques ont fait place à la force et à la coutume – est d'avoir introduit l'opinion commune comme une composante essentielle.

Un tribunal suprême

Ainsi est opérée par un esprit visionnaire la percée conceptuelle qui aboutit au XVIIIe siècle. Celui-ci n'a plus qu'à s'y engouffrer. Rousseau et Voltaire n'aiment pas Pascal, mais qu'importe ! Ils s'en nourrissent. Le premier y trouve sa vision de la « chute », qu'il historicise et laïcise ; le second, une approche de la politique somme toute assez semblable à la sienne. Mais l'essentiel n'est pas là. Il est, pour le sujet qui nous occupe, dans la vérification expérimentale des effets de l'opinion – en termes pascaliens, de la « raison des effets ». Au XVIIIe siècle, l'opinion entre véritablement en scène sur le théâtre politique, et c'est cela, le tournant capital.

Parmi les premiers, le philosophe et historien allemand Jürgen Habermas a souligné la naissance, en marge de la politique officielle marquée par la centralisation et le secret, d'un « espace public », c'est-à-dire d'une scène où des personnages sans mandat, appartenant à la société civile, se saisissent des problèmes de la Cité et animent, c'est là le fait le plus nouveau, un débat permanent.

Bien entendu, cet espace est limité aux classes cultivées et, à l'intérieur de celles-ci, à des milieux bien particuliers : les parlements, d'abord, dont c'est la fonction de parler et de « représenter » ; la presse, dont c'est la fonction d'informer, mais aussi d'opiner ; les salons, dont le siècle est l'apogée, mais aussi les cafés, qui ne sont pas encore ces « salons du pauvre » dont a parlé Gambetta ; enfin, ces sociétés de pensée qui se multiplient, comme l'a montré Daniel Roche, dans les provinces françaises. Il en résulte, en marge de la cour et des milieux de la politique officielle, une sociabilité particulière, marquée par l'art de la conversation, dans laquelle les femmes jouent un rôle essentiel (Mona Ozouf, Benedetta Craveri). L'objet de cette conversation ? Comme toujours en France depuis le Moyen Âge, la littérature et la vie de l'esprit, dans laquelle les sciences jouent un rôle croissant. Les Précieuses de l'époque se font volontiers mathématiciennes, physiciennes, astronomes, à l'exemple de la marquise du Châtelet, l'amie de Voltaire. Mais aussi les affaires publiques. La France a ceci de commun avec la Russie tsariste que la littérature, et plus spécialement la critique littéraire, y a servi d'antichambre à la politique. Ce que l'on appelle en russe, et bientôt en français, l'intelligentsia est au départ un milieu de gens de lettres qui se mêlent progressivement des affaires publiques. Les « philosophes » du XVIIIe siècle sont presque tous des hommes de lettres. Appartenant plus souvent à la bourgeoisie qu'à la noblesse, tenus pour la plupart à l'écart de la cour, ils deviennent bientôt, selon le mot de Tocqueville, les « principaux hommes politiques du pays ». À défaut d'occuper des postes officiels et des emplois qu'on leur refuse, ils se saisissent du seul ministère laissé vacant par le pouvoir : celui de l'opinion publique.

On s'accorde en général à considérer que le concept d'opinion publique fait son apparition en France vers 1750, et que, comme tant d'autres, il a été employé pour la première fois par Rousseau. Mais il a déjà fait une longue carrière en Angleterre. La « loi de l'opinion » (Locke) n'a pas désigné d'emblée un phénomène public, mais au contraire le jugement que chacun se forme en son for intérieur, dans le secret de la conscience : il en va ainsi des opinions religieuses. Mais, progressivement, par le biais de l'« esprit public » (*public spirit*), l'opinion tend à désigner quelque chose comme la conscience populaire, qui se forme dans l'esprit des Lumières, au contact de la raison. Dans un discours aux Communes de 1792, Charles Fox, chef du parti whig et adversaire de Pitt, consacre pour la première fois le droit pour le public d'exercer sa fonction critique sur le gouvernement, à travers le concept d'opinion (cité par Jürgen Habermas, *L'Espace public*, Payot, 1978, p. 75) :

« Il est assurément juste et avisé de consulter l'opinion publique (...), si l'opinion publique ne se trouvait pas en accord avec la mienne propre, si, après que je leur ai montré le danger, il ne leur apparaissait pas sous le même jour, ou s'ils pensaient qu'un autre remède fût préférable au mien, je considérerais comme de mon devoir envers mon roi, envers mon pays et envers mon honneur de me retirer afin qu'ils puissent poursuivre le projet qui leur semblait le meilleur, et avec le moyen qu'il y faut, c'est-à-dire avec un homme qui penserait comme eux, (...) mais une chose est claire, c'est que je dois donner au public le moyen de se faire une opinion. »

Voilà l'opinion intronisée comme fondement dernier de la démocratie, au-delà même des institutions représentatives. En France, les choses sont allées moins vite, et la notion d'opinion va continuer encore d'osciller entre l'individuel et le collectif, entre le positif et le négatif. Mais qu'importe ! Dès le milieu du XVIIIe siècle, on peut dire que surgit un nouvel acteur, avec lequel les pouvoirs établis devront compter. C'est Malesherbes, qui sait de quoi il parle, puisqu'il a été directeur de la librairie (1750), c'est-à-dire une manière de (libéral) ministre de la Censure qui a le mieux traduit cette irruption de l'opinion au milieu des institutions établies, avec d'emblée un statut d'indépendance et de quasi-souveraineté. Dans un célèbre discours à l'Académie française en date de 1775, il déclare :

« Il s'est élevé un tribunal indépendant de toutes les puissances et que toutes les puissances respectent, qui apprécie tous les talents, qui prononce sur tous les gens de mérite. Et dans un siècle éclairé, dans un siècle où tout citoyen peut parler à la nation entière par la voie de l'impression, ceux qui ont le talent d'instruire les hommes et le don de les émouvoir, les gens de Lettres en un mot, sont au milieu du public dispersé ce qu'étaient les orateurs de Rome et d'Athènes au milieu du public assemblé. »

Remarquable définition qui concentre en une phrase toutes les caractéristiques du nouveau pouvoir. Malesherbes a bien vu que celui-ci est étroitement lié à l'imprimerie, c'est-à-dire au « pouvoir de chaque citoyen » de parler à la nation entière. Ainsi, la démocratie a partie liée à la technologie. Et l'on voudrait aujourd'hui faire comme si les nouvelles techniques (télévision, Internet, sondages) n'allaient point à leur tour révolutionner les conditions d'exercice de la démocratie ? Comme le notera Tocqueville près d'un siècle plus tard, ce sont les « gens de Lettres », nous dirions aujourd'hui les intellectuels, qui sont les principaux bénéficiaires du nouveau phénomène, puisqu'ils maîtrisent parfaitement l'art de l'écriture et de la communication. Nous sommes bel et bien à l'ère du « sacre de l'écrivain » dont a parlé Paul Bénichou. Voilà la littérature, jusqu'ici flamboyant ornement d'une monarchie absolue comme celle de Louis XIV, érigée en pouvoir politique autonome, potentiellement concurrent de la monarchie. Curieusement, Claudel, dans son *Discours sur les Lettres françaises* (1922), exprime la même idée. En raison, dit-il, du mélange des races que constitue la France, chaque Français s'est constitué pour lui-même une petite souveraineté en transaction continuelle avec celle des autres « sous l'autorité d'une espèce de tribunal épars et tout-puissant qu'on appelle *l'opinion.* Cette circonstance particulière a obligé chaque Français à s'occuper de théorie ». Conséquence : la littérature chez nous n'est pas un amusement ; « Elle a été la nécessité de tout un peuple, un débat continuellement ouvert devant tous et contre tous... » (*Œuvres en prose*, Pléiade, p. 660).

Enfin, Malesherbes a parfaitement vu, plus d'un siècle avant Gabriel de Tarde, que le public, celui qui est la source de l'opinion, n'a pas besoin d'être rassemblé, comme sur l'agora athénienne, pour exercer un pouvoir d'opinion. Le public, *c'est la foule à distance.*

Le ministère des masses

L'opinion, en somme, existe pour autant qu'elle s'oppose. Une opinion qui dit toujours amen au pouvoir, une opinion silencieuse, n'existe pas à proprement parler. Cela ne signifie pas qu'elle soit inexistante. Nous savons le poids des majorités silencieuses d'assentiment dans les démocraties ; les dictatures connaissent un jour où l'autre à leur tour le poids des majorités silencieuses de dissentiment. Mais ce poids ne s'exerce vraiment que lorsqu'elles renoncent à se taire. Voilà donc constitué ce que Maurice Thorez, refusant d'entrer dans le gouvernement Léon Blum du Front populaire, appelait le « ministère des masses » ; voilà, glissé à l'intérieur du fruit, le ver du « pays réel » opposé au « pays légal » (Maurras), ou encore celui de la « rue » opposé à celui de la démocratie électorale (l'anarcho-syndicalisme ou le gauchisme actuel). Il n'est au fond pas surprenant que la Révolution française ait renoncé (Mona Ozouf) à l'expression d'« opinion publique », au profit de celle, plus unitaire et plus disciplinable, d'« esprit public ». Pourtant le chef des Enragés, la plus gauchiste et la plus libertaire des grandes figures de la Révolution, l'ancien prêtre Jacques Roux, n'hésite pas à parer l'opinion publique de toutes les vertus que Jean-Jacques Rousseau attribuait à la volonté générale :

> « Après avoir franchi irrévocablement l'intervalle immense de l'esclave à l'homme, vous ne souffrirez pas que vos mandataires portent la moindre atteinte à la légitimité de vos droits, qu'ils s'écartent de l'opinion publique, qui seule dicte les lois et qui est toujours droite et toute-puissante. » (Discours à la section de l'observatoire, cité par Claude Harmel, *Histoire de l'anarchie, des origines à 1830*, 1984, p. 58-59)

« Toujours droite », l'opinion publique ? Diable ! Mais toute-puissante, sans doute. C'est pourquoi, elle est comme le bastion naturel de l'esprit de contestation des pouvoirs institués, la monarchie censitaire (1815-1848), véritable institutrice de la démocratie parlementaire en France, va s'efforcer de la métamorphoser en « moyen de gouvernement ».

Telle est la thèse de Guizot, exprimée dans l'un de ses courts ouvrages, qui n'ont de circonstance que l'apparence, et qui en vérité constituent une réflexion en profondeur sur l'art de gouverner. *Des moyens de gouvernement et d'opposition dans l'état actuel de la France* s'interroge sur les bases du pouvoir et sur les moyens de le conserver. Le gouvernement actuel – nous sommes alors en 1821 et le ministère libéral dirigé par Decazes a été remplacé, à la suite de l'assassinat du duc de Berry, par un gouvernement plus autoritaire et plus conservateur, dirigé par le duc de Richelieu –, le gouvernement actuel, dit Guizot alors dans l'opposition, entend s'appuyer sur l'appareil d'État (ministres, préfets, maires nommés, armée), alors que « les vrais moyens de gouvernement » sont dans la société elle-même, dans ce que nous appelons aujourd'hui la société civile. Tout gouvernement doit agir sur les masses, car c'est là que se trouve la force. Pour ce faire, il doit se servir des individus. Pour gagner les masses, il faut s'appuyer sur leurs opinions ; pour gagner les individus, il faut s'appuyer sur leurs intérêts personnels. Vue pénétrante qui ne paraîtra cynique qu'aux personnes irréfléchies. C'est bien ainsi en effet que les choses se passent. Tout

« gouvernement d'ouverture », comme on dit aujourd'hui, fait appel aux intérêts, aux ambitions, aux vanités des personnes. Au contraire, pour gagner les masses, il faut faire appel à leurs opinions, à leurs principes, à leurs passions : « Qui n'a entendu dire : "Les opinions ne sont rien ; il n'y a de réel et de puissant que les intérêts." Misérable lieu commun d'une politique subalterne ! En s'y pavanant, elle trahit son ignorance ; elle prouve qu'elle n'entend rien au gouvernement des masses et n'a jamais traité qu'avec des individus » (*Des moyens de gouvernement*, p. 111).

Guizot, en qui on a vu parfois un devancier conservateur de Marx, à cause de l'importance qu'il accorde à l'économie et de l'analyse qu'il fait de la société en termes de classes, se montre ici meilleur psychologue que l'auteur du *Capital*. Contrairement aux allégations superficielles d'un matérialisme sommaire, ce sont bien les individus que l'on gouverne avec les intérêts et les masses que l'on gouverne avec les opinions et les passions qui en découlent. Pour avoir oublié cette vérité élémentaire, le marxisme mais aussi son frère jumeau, le libéralisme, se sont révélés incapables de donner une interprétation juste des phénomènes politiques dans les sociétés modernes.

Il est vrai que la plupart des grands esprits de l'époque pensent comme Guizot, à commencer par Chateaubriand qui, par intelligence au moins autant que par narcissisme, a constaté la montée irrésistible de l'opinion dans les affaires politiques. Lui qui a décrit le journalisme comme l'« électricité sociale », expression qui dit presque tout, considère que, pour être conforme à son principe, la monarchie constitutionnelle doit s'appuyer sur l'opinion et en respecter les volontés. C'est ici la base même du système parlementaire.

« C'est l'opinion publique qui est la source et le principe du ministère, *principium et fons* ; et, par une conséquence qui dérive de celle-ci, le ministère doit sortir de la majorité de la chambre des députés, puisque les députés sont les principaux organes de l'opinion populaire » (*De la monarchie selon la charte*, chapitre XXIV).

En faisant de l'opinion publique le fondement ultime du système, les doctrinaires à l'image de Guizot, mais aussi les libéraux des diverses espèces, de Chateaubriand à Benjamin Constant, ont posé les bases du régime représentatif. Par rapport au XVIIIe siècle ou même à la Révolution, qui ont vu dans l'opinion publique l'expression de l'opposition, ils ont voulu au contraire en faire un « moyen de gouvernement », c'est-à-dire la base du pouvoir. Ce retournement est spectaculaire, mais ce n'est pas le dernier, comme la suite va le montrer.

Toutefois, une question se pose immédiatement : qu'entendent les hommes de la monarchie censitaire quand ils parlent d'opinion publique ?

Que désignent-ils par là ? Assurément pas la même chose que nous.

L'opinion qui a leur faveur, c'est l'opinion éclairée. Celle des gens instruits. Or, à l'époque, qui dit instruction dit fortune personnelle. La théorie censitaire des capacités – c'est-à-dire le droit d'opiner et de dire son mot – n'est pas aussi cyniquement bourgeoise qu'on le dit d'ordinaire. C'est la fortune qui est privilégiée, certes, mais la fortune en tant qu'elle est une présomption de culture, et par conséquent d'aptitude intellectuelle. On laissera ici de côté l'éternelle question de savoir si, en pareil cas, la théorie capacitaire n'est qu'un honorable déguisement de l'exclusion des pauvres ou si, au contraire, en défendant ses intérêts propres, la classe dominante n'œuvre pas simultanément au progrès général de la société. Ce qu'il faut seulement remarquer ici, c'est que la réconciliation politique de l'opinion et du gouvernement n'est concevable que parce qu'il s'agit d'une opinion modérée, fruit d'une sélection par la richesse et par le savoir.

Faut-il en avoir peur ?

Lorsque, au contraire, les mêmes hommes, ou leurs semblables, considèrent, au-delà du cas particulier et provisoire du gouvernement des capacités, cette formidable poussée démocratique et populaire qui est l'un des faits majeurs du

XIXe siècle (« La démocratie coule à pleins bords », s'écrie Royer-Collard, le chef des Doctrinaires), le langage n'est plus le même, et l'opinion, de douce et rassurante qu'elle leur apparaissait, devient bientôt un torrent furieux, irrationnel et incontrôlable. Elle a vu, au cours du XIXe siècle, son empire croître avec le suffrage. Cela est si vrai que, dans la langue de l'époque, « aller aux opinions » signifie en venir au vote. Question : en passant du suffrage censitaire au suffrage universel (1848), l'opinion a-t-elle changé de dimension ou changé de nature ? Représentant la sagesse et le bon sens dans la première moitié du siècle, est-elle devenue, à la faveur de la Révolution de 1848, cette cavale effrénée prête à tous les excès ? Derrière cette question s'en cache une autre, plus directement politique : la prise de pouvoir par l'opinion est-elle facteur de désagrégation ou au contraire d'unification de la société ?

A priori, la libération de l'opinion, en encourageant l'expression des pensées individuelles, ne peut qu'introduire les germes de la diversité et de la discorde dans la société. Déjà, dès le XVIIe siècle, Bossuet, l'admirable, l'effrayant Bossuet l'affirmait sans ambage : la libre expression des opinions individuelles ne peut que produire la zizanie. L'opinion libre, c'est le protestantisme, c'est-à-dire le pire :

« L'hérétique est celui qui a une opinion ; et c'est ce que le mot même signifie. Qu'est-ce à dire, avoir une opinion ? C'est suivre sa propre pensée et son sentiment particulier. Mais le catholique est le catholique, c'est-à-dire qu'il est universel ; et, sans avoir de sentiment particulier, il suit sans hésiter celui de l'Église » (*Premier avertissement aux Protestants*, 1689).

On retrouve la même idée dans son *Histoire des variations des Églises protestantes*.

Toute l'histoire de la rupture entre le libéralisme politique, représenté au XVIIIe siècle par les philosophes, et l'Église catholique est contenue dans cette phrase : bien que, sur ce point, ceux-ci ne soient pas unanimes, et que Rousseau, comme à l'ordinaire, se distingue de la secte philosophique. L'homme que l'on crédite d'avoir inventé le concept d'opinion publique, celui qui, dans le *Contrat social* (II, 12), considère que de celui-ci « dépend le succès de tous les autres », et dont « le grand législateur s'occupe en secret », est comme à son ordinaire effrayé par les conséquences de ses propres hardiesses. Dans sa lettre à M. de Beaumont, il écrit cette phrase lourde d'inquiétudes :

« L'opinion, rendant l'univers entier nécessaire à chaque homme, les rend tous ennemis-nés les uns des autres et fait que nul ne trouve son bien que dans le mal d'autrui » (Cité par Tzvetan Todorov, *Le Jardin imparfait*).

Bossuet eût fort approuvé cette maxime. S'il faut remonter plus haut, Ronsard lui-même, dans le *Discours sur les misères de ce temps* :

« Et alors toute chose en l'homme est débordée
Quand par l'opinion la raison est guidée.
La seule opinion fait les hommes armer
Et frère contre frère au combat animer. »

Tous les préjugés antidémocratiques semblent alors se donner rendez-vous pour accabler une reine soupçonnée de toutes les démagogies et de tous les aventurismes. Voltaire déjà, commentant Pascal, remarque, dans le *Dictionnaire philosophique*, qu'on la nomme la reine du monde, et que quand « la raison veut la combattre, la raison est condamnée à mort ». Chamfort, encore plus virulent dans ses *Maximes et pensées* : « L'opinion est la reine du monde, parce que la sottise est la reine des sots » ; au XXe siècle, Valéry, dans *Mélange* : « Le mensonge et la crédulité s'accouplent et engendrent l'opinion. »

La cause paraît entendue, au moins jusqu'au XIXe siècle. L'opinion est un puissant dissolvant de la Foi, de la Famille, de la Nation, de la Société. La fameuse sentence d'un grand seigneur anglais à son fils le dit en une concision ironique digne du génie britannique : « Vous devez voter, monsieur, avec votre famille, et non avec vos opinions, comme un aventurier. » Toute la philosophie sociale conservatrice est ici superbement résumée. Il existe certes des opinions, mais elles ne sauraient, dans une société constituée, être individuelles. Comme les terres, les meubles, les bijoux, et le nom lui-même, elles appartiennent à la famille. Seuls des individus privés de ces liens sociaux essentiels – des prolétaires, donc, ou des aventuriers – peuvent se prévaloir d'opinions personnelles, qu'ils emportent avec eux, à la semelle de leurs souliers. L'opinion serait donc la fille mal élevée de l'individualisme moderne, à moins que cela soit l'inverse. L'opinion, c'est le contraire de la tradition. L'opinion est alors synonyme de suffrage, c'est-à-dire d'un ferment d'égalitarisme, voire de révolution.

Une seule opinion, une seule province

Ce florilège de points de vue négatifs émane, on l'aura remarqué, de poètes, de moralistes et d'intellectuels. Or, à la même époque, les hommes de science, et notamment les sociologues, qui se sont donné pour mission de scruter sans préjugés ni a priori les mouvements profonds de la société, expriment un point de vue exactement inverse. Loin de diviser la société, le passage de l'opinion restreinte à l'opinion généralisée a au contraire à leurs yeux pour effet de l'unifier, voire de l'uniformiser. Ainsi, dans Balzac, le bon docteur Minoret, sorte de philanthrope sans illusions, protecteur de la sage Ursule Mirouët, « ne voulait rien concéder à cette changeante déesse, l'opinion publique, dont la tyrannie, un des malheurs de la France [...] allait s'établir et faire de notre pays une seule province ».

Mais c'est surtout Tocqueville qui, lors de son voyage aux États-Unis, a été pris d'une véritable « terreur religieuse » devant les deux tendances majeures de la démocratie moderne : la poussée irrésistible vers l'égalitarisme, la constitution de l'opinion publique en une force tyrannique qui balaie tous les points de vue particuliers, toutes les idées minoritaires. Comme son lointain cousin Chateaubriand, Tocqueville a observé la montée parallèle de trois phénomènes : l'égalitarisme, la démocratie et l'opinion publique. En vérité, les deux premiers n'en forment qu'un seul, vu sous deux angles différents : le premier sous l'angle social, le second sous l'angle politique. Égalité et démocratie sont deux puissances irrésistibles, que l'auteur a vues à l'œuvre aux États-Unis, et qui se combinent dans une nouvelle conscience de soi de l'individu, dans ce que l'on commence à appeler l'individualisme. Le mot date, semble-t-il, de 1825. L'idée que l'individu est la valeur suprême, et qu'il règne de l'une à l'autre de ces entités irremplaçables une absolue égalité de droits, cette idée-là constitue le tournant philosophique le plus formidable de toute la période postrévolutionnaire. De ces monades irréductibles les unes aux autres et parfaitement égales entre elles on pourrait tirer l'idée d'une dispersion fatale des opinions. Il n'en est rien, remarque profondément Tocqueville. Au début du deuxième tome de *La Démocratie en Amérique*, il souligne que l'égalité empêche chacun d'ajouter foi à l'opinion d'autrui mais suscite une confiance presque illimitée dans l'opinion du public, « car il ne leur paraît pas vraisemblable qu'ayant tous des lumières pareilles la vérité ne se rencontre pas du côté du plus grand nombre » (tome II, première partie, chapitre 2, p. 17, Garnier-Flammarion).

Voilà donc établie, en régime démocratique et égalitaire, cette règle tyrannique de l'autorité intellectuelle de la majorité qui risque à tout moment de se transformer en autorité morale, voire politique. C'est là ce qu'on pourrait nommer le paradoxe de Tocqueville : loin de produire la dispersion des opinions, la démocratie favorise au contraire leur unification, et potentiellement leur puissance tyrannique. Comme tout grand esprit confronté à un grand phénomène, il se garde bien d'en donner une explication univoque. La démocratie égalitaire et sa fille légitime, l'opinion publique, peuvent tout aussi bien porter l'esprit humain vers des pensées nouvelles qu'au contraire le réduire à ne plus penser. Assurément, l'état social démocratique encourage la liberté intellectuelle, mais il est aussi capable de produire des lois pour en limiter l'exercice et en éteindre la fécondité, « de telle sorte qu'après avoir brisé toutes les entraves que lui imposaient jadis des classes ou des hommes, l'esprit humain s'enchaînerait étroitement aux volontés générales du grand nombre » (*Ibid.*). Nous retrouvons donc tout au long de l'histoire de la philosophie cette remarque essentielle que l'opinion, c'est-à-dire la loi du nombre, n'est en aucune manière facteur d'anarchie.

Une fois acquis les principes de la démocratie, « le dogme de l'égalité des intelligences s'insinue partout, domine tout, tyrannise tous les débats, de sorte qu'il est presque impossible à un esprit novateur de s'y faire entendre ». C'est sans doute en pensant à cette dictature molle de l'opinion dans les démocraties que Renan soulignait que les pensées les plus fortes étaient nées non, comme on pouvait l'imaginer, sous des régimes de liberté, mais bien sous des dictatures : « Jamais on n'a pensé avec moins d'originalité que depuis qu'on a été libre de le faire. » (*Réflexions sur l'état des esprits*, 1849, *Œuvres complètes* d'Ernest Renan, Calmann-Lévy, tome I, p. 212). Ni Tocqueville ni Renan n'ont connu la télévision, qui est la démonstration la plus éclatante de ce qu'ils avancent. Nous retrouvons une fois de plus Pascal : « On se fait une idole de la vérité même. » (721) N'est-ce pas là l'expression du pessimisme le plus légitime envers la démocratie d'opinion appliquée à la recherche de la vérité ?

La foule à distance

Même lucidité, mêmes inquiétudes chez Gabriel de Tarde. Celui-ci, qui s'est fait connaître comme le sociologue de l'« imitation »

– Bourdieu, dans le même sens, a parlé de « reproduction » – devait nécessairement s'intéresser à l'opinion publique et à ses vecteurs, la conversation, la correspondance, le journal (*L'Opinion et la foule*, 1901). Qu'eût-il dit devant la radio, la télévision et Internet ? Contrairement à son contemporain Gustave Le Bon, il ne croit pas que notre époque soit celle des foules. Nous sommes entrés, note-t-il, dans une ère où le rassemblement physique des personnes n'est plus nécessaire à ces manifestations de psychologie collective qu'il appelle le public. Qu'est-ce donc que le *public* ? C'est la foule à distance, celle qui, en dépit de l'isolement de chacun de ses membres, n'en produit pas moins ces effets collectifs qui se nomment opinion. Le journal a pris la place des orateurs publics. À l'auditoire a succédé l'audience. C'est un progrès ; car la foule est unique, elle a inévitablement des pulsions totalitaires. Au contraire, chaque individu appartient nécessairement à plusieurs publics, qui sont des groupes d'appartenance ou d'intérêts. Le sexe, l'âge, la religion déterminent des groupes à distance que les médias modernes connaissent bien. Ils parlent couramment des femmes, des jeunes, des catholiques, etc. Chaque journal a son public. Malheur à celui, s'écrie Tarde, qui est l'homme d'un seul journal !

L'auteur accorde en effet une importance particulière aux journaux dans l'évolution des opinions. Ce sont eux qui fournissent les sujets de conversation et font que, chaque matin à Paris, on parle dans les cafés de la même question. La presse change continuellement de centres d'intérêt ; elle est à l'origine de la substitution de la mode à la coutume.

D'où la responsabilité particulière des intellectuels et des journalistes. C'est entre les mains des premiers que repose le maintien de la diversité des centres d'intérêt de l'humanité ; ils sont les seuls capables de résister au nivellement des valeurs et des opinions. Ne croirait-on pas entendre ici l'écho de la voix de Tocqueville ? Il est remarquable que Tarde soit l'un des tout premiers, sinon le premier, à parler de la responsabilité propre des intellectuels en termes de *résistance*. Leur principale tâche n'est pas de faire l'opinion. Elle est plutôt de résister à celle-ci.

Quant aux journalistes, leur responsabilité est plus grande encore. On a parlé de « foules criminelles », ajoute Tarde, pensant à Le Bon, à Scipio Sighele et autres sociologues italiens de la foule. Mais, à l'ère moderne, il y a désormais des « *publics*, plus criminels encore et à la tête de ceux-ci, des publicistes qui le sont encore plus ». Car le journal est une correspondance publique, une conversation publique qui abolit la distance et la séparation. Je veux citer ici la conclusion de Tarde, car il suffira de substituer les médias au seul journal pour que nos contemporains trouvent dans la pensée de l'auteur une remarquable prémonition.

« De ces forces dispersées, se touchant à distance intimement, par la conscience qu'il leur donne de leur simultanéité, de leur mutuelle action née de la sienne, il [le journal] va faire une seule foule immense, abstraite et souveraine qu'il baptisera l'opinion. Il a achevé de la sorte le long travail séculaire que la conversation avait commencé, que la correspondance avait prolongé... Le travail de fusion des opinions personnelles en opinions locales, de celles-ci en opinion nationale et en opinion mondiale – l'unification grandiose de l'esprit public. »

Ce que Tarde nous donne à voir en ce tout début du XXe siècle, c'est l'unification de ce « village mondial » dont les sociologues ont parlé en son extrême fin. Aussi longtemps que les opinions avaient du mal à s'échanger, elles conservaient leurs arêtes propres et leur originalité. De l'incessant travail de frottement et d'échange entre les opinions sort au contraire une espèce d'opinion moyenne universelle, due à la conjuration des médias et de la démocratie. Faut-il défendre la *doxodiversité*, comme on prétend défendre aujourd'hui la *biodiversité* ? Il y a bel et bien, à l'ère de la communication généralisée, place pour une écologie des opinions.

Tarde, on vient de le voir, avait parlé de résistance. C'est aussi le mot qui vient spontanément sous la plume de Renan. Rendant compte en 1859 des *Mémoires* de Guizot, il souligne que, pour celui-ci, une des premières qualités de l'homme d'État est de devoir résister à l'opinion, quand bien même celle-ci reflète sans discussion possible le point de vue de la majorité. C'est en suivant l'opinion, et peut-être même pour suivre l'opinion, que Louis XIV a révoqué l'Édit de Nantes et commandé les Dragonnades. La recherche de la popularité est la marque de l'homme d'État de deuxième ordre. Mais, en démocratie, le refus un peu hautain, un peu austère de jamais rien céder à l'opinion n'est pas davantage recommandable. En vérité, il n'est de règle absolue ; il faut savoir distinguer, et aussi savoir ruser :

« L'opinion est une reine à sa manière [toujours le mot de Pascal !], mais non une reine absolue. Il faut lui tenir tête quand on croit devoir le faire, mais en la respectant et en prenant dans l'opinion même le point d'appui nécessaire pour l'attaquer » (« Philosophie de l'Histoire contemporaine », *Revue des Deux Mondes*, 1er juillet 1859).

Résumons. L'opinion est de tous les temps et de tous les pays. Aucun gouvernement n'échappe à son empire. Démocratique, il s'efforce d'en respecter les orientations. Tyrannique, il préfère, dans les jours ordinaires, pouvoir s'appuyer sur elle plutôt que de recourir constamment à la force. *Omnis potestas a populo...*

Mais le progrès des moyens de communication combiné avec l'aspiration à la démocratie a fait insensiblement de la reine du monde le tyran de l'univers. Loin de diviser les hommes, elle tend à les uniformiser. Ses arrêts sont d'autant plus contraignants qu'ils ne recourent pas à la contrainte. Dans un régime d'opinion publique sans contrepoids, chacun prête la main à la tyrannie qu'il subit. Désormais la question est posée : l'opinion, « cette masse poisseuse et poilue » (Jules Renard), est-elle la forme moderne du totalitarisme ?

III

Apprivoiser Léviathan

Le lecteur voudra bien me pardonner ce long détour historique. Je le prie pourtant d'y voir non une digression, mais au contraire un éclairage essentiel pour l'intelligence de notre sujet. Cette recherche, fruit d'une année d'enseignement à l'École des hautes études en sciences sociales, donnera lieu ultérieurement à une version plus approfondie. J'ai jugé pourtant utile de présenter ici quelques-unes de ses orientations fondamentales. Je suis en effet convaincu que l'approche historique est une dimension nécessaire – la troisième, celle de la profondeur – de toute question politique contemporaine. Non seulement les enseignements du passé, avec leurs succès et leurs échecs, sont une source indispensable d'enrichissement, mais la mémoire cumulative est la condition de la liberté du citoyen. Oui, à notre époque où règne la tyrannie de l'instant, l'historien que je suis depuis ma jeunesse ne cesse de le répéter au journaliste que je suis devenu ensuite : l'histoire est la science de la liberté. À plus forte raison quand il s'agit de ce vecteur de la démocratie que l'on appelle l'opinion publique.

D'où viennent les opinions ?

Oui, d'où viennent les opinions ? Pourquoi les uns penchent-ils vers l'ordre et les autres vers le progrès ? Pourquoi celui-ci est-il favorable à la peine de mort et celui-là hostile ? Pourquoi cet homme en tient-il pour la gauche alors que son frère ne jure que par la droite ? On pose rarement la question, et on y répond encore moins souvent. Ou bien en effet on admet qu'il en va des opinions comme des goûts et des couleurs, et qu'elles obéissent à des choix irrationnels. Ou bien l'on considère qu'il s'agit d'options logiques, déterminées par des facteurs repérables, des conditionnements extérieurs, et que c'est sur ces derniers qu'il faut agir.

Longtemps on a considéré que les opinions sont les filles illégitimes des intérêts et que l'on pense toujours ce que l'on a intérêt à penser. Le bourgeois estime que le marché est le meilleur système, tandis que le prolétaire pense que c'est le socialisme qui est le plus rationnel. Cette philosophie de l'intérêt est commune au marxisme et au libéralisme. Plus personne n'ose aujourd'hui l'affirmer avec cette brutalité parce qu'elle se heurte à un démenti permanent de l'expérience. Les comportements électoraux, par exemple, reflètent rarement cette philosophie de classe encore fort à la mode il y a une trentaine d'années. Les gens de condition modeste votent aussi souvent à droite qu'à gauche, parfois davantage. Pour expliquer cette anomalie, les tenants – marxistes en particulier – de la philosophie des intérêts ont longtemps invoqué la manipulation des opinions par les détenteurs du pouvoir économique. Les ouvriers seraient spontanément portés à voter pour les partis de gauche, mais la propagande, le système scolaire, la presse réussissent à déformer leurs choix naturels et à les persuader, contre tout bon sens, qu'ils ont intérêt à voter pour la droite. C'est supposer que les superstructures, autrement dit les mécanismes intellectuels, sont plus puissants que la perception des intérêts à l'état brut, ce qui n'est guère conforme à la philosophie des intérêts elle-même. En outre, comment, en pure logique économico-sociale, rendre compte du phénomène bien connu de la « gauche caviar », c'est-à-dire du vote de privilégiés pour les partis avancés ? Il est difficile de dénoncer ici les effets de la propagande bourgeoise... On en est alors réduit à invoquer le snobisme, la philanthropie, le déclassement volontaire, tous mobiles à cent lieues de la philosophie matérialiste des intérêts.

On citera encore, dans une démarche analogue mais détachée de toute préoccupation idéologique, la célèbre tentative d'André Siegfried en 1913, dans son *Tableau politique de la France de l'Ouest*, pour expliquer les comportements électoraux... par la géologie. Le granit ferait voter à droite et le calcaire à gauche ! C'est du moins la traduction simplifiée que l'on donne souvent de sa démarche. Explication : les terrains granitiques, où l'eau jaillit partout, favorisent un habitat dispersé ; celui-ci à son tour rend plus aisée la domination politique du grand propriétaire terrien sur ses fermiers. Au contraire, sur les terres calcaires, où l'eau est rare, l'habitat se regroupe autour des lieux où on l'a trouvée. À son tour cet habitat groupé favorise une sociologie villageoise égalitaire, volontiers républicaine, et rend plus facile la résistance à l'influence politique du hobereau local. Magnifique démonstration, aussi magistrale que celle de Max Weber à propos de l'influence du calvinisme sur l'essor du capitalisme. Le malheur est qu'elle ne marche qu'une fois sur deux ! Un taux de corrélation de 0.5 n'a pas plus de valeur explicative que le hasard lui-même.

On notera ici au passage une des conséquences rarement soulignée, mais proprement tragique, de la détermination socioéconomique des comportements humains et politiques. C'est que, si la diversité des opinions n'est que le reflet de la diversité des classes sociales, alors une société sans classes devra nécessairement être une société intellectuellement uniforme. Dès lors, toute opinion divergente n'est que le reflet d'un déviationnisme de classe. À éliminer, donc ! Cela s'appelle le stalinisme.

J'ai déjà noté que ce parallélisme socio-intellectuel, qui s'exprime avec simplisme dans *Les Luttes de classes en France* de Karl Marx, est commun au libéralisme classique et au marxisme lui-même. Il est le fond de sauce de la sociologie politique depuis le XIXe siècle. D'où son incapacité à rendre compte correctement des comportements politiques. Le rôle de l'émotion en est absent, celui de l'image aussi. Impensable dans une époque comme la nôtre !

La passion, la grande oubliée

Il n'en a pas toujours été ainsi. La philosophie politique des XVIIe et XVIIIe siècles est tout entière fondée sur les sentiments et les passions. De Saint Augustin à Calvin, explique Albert Hirschman dans un essai pénétrant (*Les Passions et les intérêts*, PUF, 1980), le rôle assigné à l'État est de réprimer les passions humaines. Mais, progressivement, l'idée émerge qu'il conviendrait plutôt de s'en servir, au besoin en les opposant les unes aux autres. De là cet âge d'or de la psychologie politique en France et en Angleterre qui, de La Rochefoucauld à Montesquieu, de Hume à

Mandeville, de James Steuart à Adam Smith, explique par les passions les comportements collectifs et les opinions dans une société. Ce que les Allemands appellent l'« Adam Smith Problem », c'est la question de la compatibilité entre les deux grands livres de l'économiste écossais. Le premier, le moins connu, qu'il considérait pourtant comme son chef-d'œuvre, la *Théorie des sentiments moraux* (1759), explique toute la vie sociale à partir du sentiment de sympathie et de son corollaire, la bienveillance. Le second, *La Richesse des nations* (1776), qui l'a rendu universellement célèbre, fait au contraire reposer toute la vie économique et sociale sur la poursuite de l'intérêt individuel, autrement dit l'égoïsme. Ces deux livres sont-ils contradictoires ou complémentaires ? En tout cas, le premier constitue l'apogée de la théorie des sentiments politiques, le second la matrice de cette philosophie des intérêts qui nous tyrannise depuis lors. Ce qu'il faut retenir pour le sujet qui nous occupe, c'est la place assignée alors aux passions humaines dans la formation des opinions, et son oubli par le XIXe siècle. Historiens et sociologues se sont trouvés fort dépourvus quand il a fallu expliquer les grands phénomènes du XXe siècle, nationalisme, nazisme, communisme, avec le seul outil de l'utilité économique. On a eu beau dire et beau faire, les camps de concentration, avec l'inutilité absurde qui s'y déploie, l'extermination des juifs par les nazis, celle des paysans par le communisme stalinien, celle des intellectuels et de toute la classe cultivée par les Khmers rouges ne sont pas des phénomènes économiquement rationnels. La théorie psychanalytique, l'élaboration du concept de totalitarisme par Hannah Arendt ont été des palliatifs devant l'étroitesse de vues de la philosophie des intérêts, alimentée par le libéralisme et le marxisme.

Est-ce là tout ? Non, car les affects individuels, intérêts d'une part, passions de l'autre, sont loin, à eux seuls, de rendre compte de la totalité des phénomènes qui entrent en jeu dans la formation des opinions. Tous ceux qui cherchent à comprendre les comportements électoraux le savent bien : ils sont le plus souvent largement tributaires de la tradition, et notamment de la tradition religieuse, dont la famille est le conservatoire. Dans le midi cévenol, le clivage politique entre catholiques et protestants, surtout à la campagne, reste le facteur déterminant du vote, l'« antécédent le moins substituable » comme aimait à dire notre maître Ernest Labrousse : les catholiques à droite, les protestants à gauche. D'une enquête sur l'origine des traditions politiques (« Rouges et Blancs ») conçue par Jacques Ozouf et continuée à l'École des hautes études en sciences sociales par François Furet et moi-même, le même phénomène apparaissait clairement en Vendée : les Bleus républicains et les Blancs royalistes sont séparés par la question religieuse ; le clivage politique ne vient qu'ensuite.

Les traditions politiques dans les familles remontent souvent à des événements dont les contemporains ont oublié jusqu'à l'existence. De ce point de vue, et là où la tradition familiale continue d'être vivante, le politique ne relève pas de l'événementiel court ; il s'apparente au religieux ; il s'enracine dans les couches géologiques les plus profondes de la personnalité sociale. En ce sens, il comporte une part irréductible d'inconscient et appartient à ce « temps long » dont a parlé Fernand Braudel : au moins dans les sociétés traditionnelles, là où la mémoire entre les générations et la transmission du patrimoine culturel familial sont assurées ! C'est encore souvent le cas à la campagne. La vie urbaine, avec le déracinement qu'elle implique, la dispersion des familles, la fréquence des déménagements, la diversification des professions, conduit à la rupture de ce faisceau culturel. À la différence du lord anglais, on ne pense plus, on n'opine plus, on ne vote plus avec sa famille. Les gaines qui assuraient la transmission du patrimoine ont été déchiquetées, l'individu a été dénudé, il est devenu l'aventurier de son expérience et de ses idées.

Pourtant, il n'est pas à l'abri de toute influence. Bien au contraire. Ce qui s'est substitué au patrimoine familial, c'est le bagage culturel constitué par le milieu social, par l'école et le cursus scolaire. Les spécialistes de la sociologie électorale le savent bien : dans beaucoup de cas, le niveau des études se substitue souvent au milieu social et à la conscience de classe comme facteur déterminant. Ainsi, tout ce qui touche aux mœurs, à la vie familiale, à la sexualité se traduit par des comportements électoraux différents. Le libéralisme moral est plus répandu dans la bourgeoisie, et notamment chez les « bobos », que dans les milieux populaires. Sur la question européenne, question récente qui n'a pas encore donné naissance à des traditions familiales, c'est le niveau d'études qui est le critère le plus significatif. On est d'autant plus européen que l'on s'élève dans l'échelle culturelle, établie à partir du niveau d'études. Inversement, une instruction de type primaire prédispose davantage à une sorte de résistance nationale à l'idéologie européenne.

Résumons. Intérêts, passions, tradition, culture : les opinions se forment dans un creuset où des ingrédients de diverses origines finissent par s'amalgamer et produire ce que l'on a coutume de nommer caractère individuel, personnalité. Encore ai-je volontairement laissé de côté certaines théories d'origine américaine qui font appel à la physiologie et à des prédispositions innées des individus. Mais quelle est la proportion de chacune des composantes dans l'alliage ? Comme je l'ai suggéré, elle varie selon les cas particuliers, autrement dit selon l'histoire personnelle de chacun. Sinon, tout le monde penserait la même chose. Il est faux, en tout cas, que les opinions, telles que les mesurent les sondages, soient aussi changeantes et aléatoires qu'on le dit souvent, et moins fiables que les comportements électoraux proprement dits. Dans les deux cas, c'est « le mystère des personnalités individuelles » (André Siegfried) qui s'exprime dans un relatif anonymat.

Sondages, élections, référendums, débats collectifs ne sont après tout que des modalités différentes d'expression d'un même phénomène : l'opinion publique. D'où vient que la légitimité du droit de suffrage ne soit pas contestée, alors que la notion même d'opinion publique continue de provoquer d'incroyables crispations ?

L'opinion, piège à cons !

La meilleure façon de se débarrasser de cet obsédant problème, c'est encore de déclarer qu'il n'existe pas. C'est ce qu'a fait Pierre Bourdieu dans deux articles restés célèbres, l'un, « Les doxosophes », paru en novembre 1972 dans la revue *Minuit* ; l'autre, intitulé précisément « L'opinion publique n'existe pas ! » (*Les Temps modernes*, juin 1973). Comme il arrive souvent avec le célèbre sociologue, des remarques très justes et très pénétrantes aboutissent à des résultats radicalement faux.

Les sondages, explique-t-il tout d'abord, reposent sur trois postulats discutables. Le premier est que tout le monde peut avoir une opinion sur toute chose, ce qui n'est évidemment pas vrai. Le deuxième est que toutes les opinions se valent, des plus fondées aux plus superficielles : c'est encore plus discutable, comme je l'ai moi-même souligné plus haut. Le troisième est qu'il existe un consensus sur l'opportunité de poser une certaine question à un certain moment : c'est ce qui n'est jamais démontré. À partir de là, Bourdieu affirme que la plupart des questions posées correspondent aux préoccupations dominantes de la classe politique. Cela n'est guère douteux : il suffit de voir, en période électorale, la multiplication jusqu'à l'absurde des sondages sur les intentions de vote.

Et voici la fine pointe du raisonnement : l'opinion publique n'existe pas à l'état naturel. Elle est un *artefact*, c'est-à-dire un phénomène artificiel, produit de l'expérimentation elle-même. Prenons un sujet quelconque, le contrôle de l'immigration, l'euthanasie, l'interdiction des OGM. Beaucoup de gens n'ont pas d'opinion. Mais, dès lors que la question leur est posée directement, les gens se croient obligés de répondre, en dehors de toute compétence. C'est le questionneur qui impose sa démarche et qui, ce faisant, détermine sinon toujours la réponse, du moins la problématique.

Bien. Et alors ? La vie politique et la science politique ne devraient-elles tenir compte que des phénomènes à l'état naissant, en amont de toute interaction des acteurs ? Le point de vue de Bourdieu sur les sondages manifeste la même naïveté que celle de Rousseau sur la volonté générale. Pour être valables, les réponses devraient être élaborées et formulées individuellement, séparément, en dehors de toute influence extérieure. Alors, pas de partis, pas de syndicats, pas de débats, pas de campagnes électorales ! Cette vision essentialiste de la démocratie, compréhensible chez un théoricien, étonne chez un sociologue.

La naissance des opinions – il n'y a pas que les sondages ! – doit beaucoup à la vie politique et sociale, aux questions qui s'y posent, aux débats qui s'y déroulent. Selon les exigences de Bourdieu envers l'opinion, il n'est pas un phénomène collectif qui aurait droit à l'existence. Est-ce que le peuple, la nation, la classe ouvrière ne sont pas aussi des *artefacts* ? Est-ce qu'en économie politique la formation des prix n'est pas à son tour un *artefact*, puisqu'elle est la résultante de milliers de transactions ? Voudrait-on par exemple fixer *dans l'abstrait*, en dehors du marché – c'est-à-dire de l'expérimentation –, le prix des marchandises ? Il y a longtemps que Marx, après les économistes libéraux, a fait justice de ces puérilités.

Allons plus loin : à supposer que la formation des opinions soit complètement artificielle, faut-il en conclure qu'elles n'existent pas ? En politique, une affirmation fausse peut être un fait vrai, à cause de ses conséquences. En vérité, dans le contexte post-soixante-huitard où le suffrage universel avait mauvaise presse dans les milieux radicaux, c'est bel et bien lui qui était récusé à travers cette critique de l'opinion.

« Le système électoral, dit Bourdieu, est un instrument qui, par sa logique même, tend à atténuer les conflits et les clivages et qui, de ce fait, tend naturellement à servir la conservation. » C'est vrai : contrairement aux craintes des conservateurs du XIXe siècle, le suffrage universel n'est nullement fourrier de révolution, puisqu'il donne à chacun le moyen de s'exprimer autrement que par la violence. En dehors de lui, il n'est pas de consensus ; rien que la guerre de tous contre tous : on peut être partisan de la violence, encore faut-il en mesurer les conséquences. C'est un point de vue nécessairement minoritaire, quelque chose comme l'aristocratisme de la plèbe, sous la direction des intellectuels. Les « mouvements sociaux » comme instrument de régulation sociale nous renvoient au pur rapport de forces, et sont de ce fait incapables de produire une légitimité.

En définitive, l'erreur de Pierre Bourdieu à propos de l'opinion publique repose sur une vision retardataire et révolue : celle où elle représentait toujours, comme sous la Restauration, le point de vue des classes dominantes, puisqu'on ne jugeait pas utile d'aller au-delà. Depuis, l'opinion s'est émancipée ; elle ne respecte rien, pas même les classes sociales qui l'ont portée sur les fonts baptismaux. Lecteur de Marx plutôt que de Tocqueville, c'est un point que n'a pas perçu

Bourdieu. Il n'a pas voulu croire que Cerbère pût devenir Léviathan.

Le combat en retraite du parlementarisme

Par un amusant paradoxe, les tenants de la démocratie représentative à l'état pur, autrement dit du parlementarisme classique, rejoignent les partisans du radicalisme social à la Bourdieu dans la critique de l'opinion. Ce dernier voyait dans la démocratie d'opinion une simple variante du suffrage universel, avec les défauts de celui-ci. Les parlementaristes purs, avec semble-t-il plus de raison, y voient une remise en cause du système représentatif et une menace pour les élites. Pour Bourdieu, ces élites, ce sont les avant-gardes révolutionnaires ; pour les parlementaristes, c'est la classe politique telle que nous la connaissons. Alain Duhamel (par exemple dans son article de *Libération* : « Alchimistes de la démocratie d'opinion », 27 septembre 2006) dresse le réquisitoire complet : « démocratie de l'éphémère », primat « du sentiment et des passions, des préjugés et des transgressions ». Ce qui caractérise cette démocratie d'opinion, c'est « l'instantanéité, l'irrationalité, la fragilité ». Comment construire sur « le sable de l'opinion » ? Celle-ci dévore et phagocyte les corps intermédiaires, ligote le Parlement, calomnie les partis, crée le vide autour des présidents. Il faut donc à tout prix, pour se mettre à l'abri des ravages de cette nouvelle folle du logis, que la démocratie soit médiatisée par un système représentatif solide et influent.

Ne nous y trompons pas : le point de vue exprimé ici par Alain Duhamel traduit le sentiment, tacite ou explicite, de la classe politique tout entière, qu'elle soit de droite, de gauche ou même du centre. Depuis les débuts de la Vᵉ République et sa Constitution semi-présidentielle, cette classe politique ne cesse de murmurer à mi-voix : « Comment s'en débarrasser ? » Car il y a, d'évidence, une consanguinité profonde entre le régime présidentiel et la démocratie d'opinion. L'un comme l'autre ont une tendance naturelle à court-circuiter les corps intermédiaires, à commencer par le Parlement.

Chers parlementaristes ! Émouvantes figures d'un passé révolu ! Comme tout pouvoir en déclin, vous réclamez en vain d'être renforcés au lieu d'agir avec les moyens dont vous disposez ! Vous voulez qu'on vous fasse hommage, vous voulez qu'on vous rende les armes au lieu de démontrer votre utilité ! Plutôt que de déplorer que les discussions essentielles se fassent désormais à la télé, dans la rue ou sur Internet, organisez donc au Palais Bourbon ou à celui du Luxembourg des débats que l'on ait envie de suivre ! Car enfin la preuve du pudding, c'est qu'il se mange. La preuve du Parlement, c'est qu'il parle. Eh bien ! Qu'il débatte ! Mais rien ! La vraie vie est ailleurs. Réformez ! Réformez, il en restera toujours quelque chose : au fond de l'alambic, si l'on y va voir, on trouvera au moins vos illusions perdues. Saluez ! c'est un mort qui passe.

J'écrivais à l'instant que la classe politique tout entière était faite de ces *laudatores temporis acti*. Il y a eu pourtant, dans la période récente, trois exceptions. Elles ont noms Nicolas Sarkozy, Ségolène Royal, François Bayrou. Étrange tout de même. Les trois personnages qui ont réuni au printemps dernier les trois quarts des suffrages des Français se sont montrés, sous des formes diverses, de chauds partisans de la démocratie d'opinion. Ségolène Royal en a fait sa marque de fabrique sous le nom de « démocratie participative » ; Nicolas Sarkozy n'a cessé d'en appeler à un tête-à-tête direct, par-dessus les partis et les institutions, avec l'opinion publique. Il continue, d'ailleurs. Avec lui, les sondages ont pris le pouvoir d'une façon qui paraît irréversible. Quant à François Bayrou, il a fait de l'appel au peuple (qui eût prévu cet accès de bonapartisme chez un démocrate-chrétien ?) la raison d'être, le puissant ressort d'une candidature qui pensa un moment déplacer les lignes.

Ces trois exceptions doivent faire réfléchir. Soyons sûrs qu'à la prochaine présidentielle il y aura trois nouvelles exceptions dans une classe politique immuablement nostalgique : les trois principaux candidats à l'Élysée. La règle de la politique, comme celle du journalisme, avant de se demander si la chose est bonne ou mauvaise, est de poser ce constat : il se passe quelque chose. Au surplus, je conjure tous les doxophobes de le remarquer : la totalité, je dis bien la totalité de votre réquisitoire contre l'opinion publique a déjà été produite au XIXe siècle contre le suffrage universel. Essayez pourtant de vous en servir et je vous promets une bonne surprise : elle comme lui ne sont pas si méchants que vous les faites.

Aussi vilipendée que le suffrage universel

Vous dites que l'opinion publique est changeante, versatile ? Ce n'est pas à des experts de la chose électorale comme vous qu'il est besoin de rappeler qu'il en va de même du suffrage. C'est une règle quasi absolue qu'aujourd'hui, dans les démocraties occidentales, la majorité sortante est battue et remplacée par sa concurrente. Il est vrai que Nicolas Sarkozy, candidat de la droite, vient de succéder à Jacques Chirac, président de la droite. Mais c'est au prix d'une grossière astuce sémantique. Ne se prétendait-il pas le candidat de la « rupture » ? Il est vrai que ces changements n'ont lieu que tous les cinq ans, alors qu'avec l'opinion ils ont lieu tous les jours. Mais, comme ce délai paraît désormais trop long au peuple, il passe son temps à désavouer son propre verdict des urnes grâce à des manifestations, des sondages, des grondements de toutes sortes. J'en ai donné quelques exemples au début de cet essai.

Vous dites que l'opinion n'est pas courageuse, qu'elle va toujours à la facilité et à ses intérêts immédiats ? Oui, sans doute. Mais dites-moi donc quand le suffrage a pris des décisions courageuses. Tous les braves, tous les clairvoyants, les de Gaulle, les Mendès France, les Barre ont été ses victimes. En revanche, les démagogues ont souvent réussi. Ici, je ne cite pas de noms, ils seraient trop nombreux.

Vous dites enfin que l'opinion est mal informée ? C'est peut-être vrai, c'est sans doute vrai ; mais, chers doxophobes, vous tombez vraiment mal. L'incompétence du citoyen-électeur a toujours été un grand classique de tous les conservateurs adversaires du suffrage universel.

Alors ? Alors, dites enfin la vérité, chers tenants du système parlementaire. Si le suffrage a toujours souffert des mêmes maux que l'on reproche à l'opinion, c'est que la classe dominante, depuis qu'il existe, a su l'apprivoiser. Ou plutôt le domestiquer. Ce que vous nommez démocratie représentative n'est en réalité qu'une démocratie substitutive. Un grand juriste républicain du début du siècle, Carré de Malberg, l'a bien montré : le régime parlementaire est le moyen inventé par la classe politique pour substituer à la prétendue souveraineté du peuple la véritable souveraineté de ses élus. Rousseau l'avait du reste prévu : dès qu'un peuple nomme des représentants, il cesse d'être libre. Sieyès, et plus généralement les hommes de 89 – souvent aussi ceux de 93 – ont bien aperçu le gouffre que Rousseau avait ouvert sous le pas de la démocratie en marche. S'il n'y a pas de représentation légitime, alors la démocratie devient impossible, ou tourne à la tyrannie. C'est pourquoi Sieyès décrète que le peuple cesse d'exister en l'absence de ses représentants.

« Les citoyens, déclare-t-il le 7 septembre 1789, qui se nomment [qui désignent] des représentants renoncent à faire eux-mêmes la loi ; ils n'ont pas de volonté particulière à imposer. S'ils déclarent des volontés, la France ne serait pas cet État représentatif ; ce serait un État démocratique. Le peuple, je le répète, dans un pays qui n'est pas une démocratie (et la France ne saurait l'être), le peuple ne peut parler, ne peut agir que par ses représentants. »

Ainsi, le système représentatif est incompatible avec le mandat impératif. Mieux que cela, il est, comme l'ont pensé les hommes de la monarchie censitaire, incompatible avec la démocratie. Quant au peuple lui-même, c'est le muet du sérail ; c'est Sancho dans son île ; c'est un souverain à qui il est interdit de vouloir quoi que ce soit !

Je vous accorde que la démocratie, entendue comme le gouvernement du peuple par le peuple, est le plus détestable des régimes. Le plus impossible de tous. Il n'a été fait que pour des dieux, dit Jean Jacques. J'ai envie de rectifier : il n'a été fait que pour les fous. Tous ses partisans ont toujours cherché à échapper aux conséquences des principes qu'ils avaient posés. J'ai cité la Révolution française. Les régimes suivants ont fait de même. La Restauration, la monarchie de Juillet, la Troisième République ont tout fait, grâce à un tour de bonneteau appelé système représentatif, pour substituer à la souveraineté des représentés celle des représentants. Certes, un tel régime, à défaut d'être démocratique, a au moins le mérite d'être libéral et d'assurer la paix civile. Ce n'est pas rien, cela.

Opinion vs suffrage

Un problème, cependant : ce grand mensonge politique et social, ce pieux mensonge que l'on nomme système représentatif, sous sa forme intégrale et intégriste, les citoyens n'en veulent plus. Ils ne mesurent pas toujours les conséquences de leur refus, c'est un fait. Mais ils se croient souverains, on le leur a dit, et se croire souverain, c'est déjà l'être.

C'est le peuple qui est souverain. Ce n'est pas le suffrage. Encore moins l'opinion. Suffrage et opinion ne sont rien d'autre que des moyens d'expression de cette souveraineté.

Et pourtant, on ne saurait les mettre sur le même plan. Le suffrage est une procédure officielle, inscrite dans la Constitution. Il est censé être le moyen exclusif d'exprimer la souveraineté. Avantage : il est clair, quantifiable, incontestable. Inconvénient : ses réponses sont vagues, monosyllabiques, donc prétextes aux interprétations les plus contradictoires. L'opinion, elle, n'a aucune autorité officielle. Elle est consultable par n'importe qui, et de la diversité des questionneurs naît la pluralité des réponses. Parfois leur contradiction. Deux sondeurs ne peuvent se rencontrer sans rire. C'est entendu. En revanche, on peut poser des questions précises à l'opinion. Faut-il augmenter les impôts ? Soutenir les Américains en Irak ? Renforcer les lois contre l'immigration illégale, la pédophilie ? Toutes ces questions sont contenues en vrac dans les programmes électoraux, cette nuit où tous les chats sont gris. Voter pour un parti est un arbitrage difficile. Je suis censé approuver pendant cinq ans tout ce qu'il a proposé. Quel abus de pouvoir ! C'est la carte forcée. L'amalgame abusif. D'un côté, donc, un faiseur d'embrouilles qui dispose de toutes les autorisations officielles. De l'autre, un vendeur à la sauvette qui pénètre dans la maison en mettant le pied dans l'embrasure de la porte.

Une seule procédure possède à la fois la légitimité du suffrage et la précision du sondage : le référendum. Si l'on veut réconcilier les textes et le peuple, il faudra bien se décider à lui faire une place. Ce serait aussi l'occasion de dire un peu plus précisément ce que l'on entend par opinion.

Est-elle individuelle ou collective ? Singulière ou plurielle ? En vérité, il n'y a pas une opinion unique. Il n'y a pas d'opinion publique. Il y a sur un sujet donné des opinions du public. Alors que l'on accuse souvent les sondages d'avoir introduit la confusion, la vérité oblige à dire qu'au contraire ils ont permis de rétablir la vérité. Jusqu'à leur apparition, l'expression favorite des hommes politiques et des éditorialistes était : « Le pays pense que... » Qu'en savaient-ils ? Le pays avait bon dos. Impossible aujourd'hui d'introduire en contrebande ses propres opinions sous le pavillon de complaisance du « pays ». Car nous savons à chaque instant ce que pense le pays. Il n'est pas unanime, il n'est jamais unanime. La vérité, la voici : la pratique des enquêtes d'opinion a radicalement aboli la fiction de la volonté générale. Rousseau et ses prédécesseurs, comme Hobbes et Locke, sont les grandes victimes de George Gallup. Grâce à lui, la volonté générale a cessé d'être totalitaire. Elle n'est à chaque instant que la résultante d'opinions qui s'opposent et se contrebalancent. La volonté générale n'est plus ce concept métaphysique analogue au droit divin de l'Ancien Régime, elle est le résultat d'une transaction. Grâce à la pondération des opinions, les minorités ont retrouvé voix au chapitre. Elles doivent s'incliner sans renoncer à exister. C'est Pascal qui a raison contre Rousseau : la guerre civile étant le plus grand des maux, la règle de la « pluralité » (entendez de la majorité) n'est pas l'équivalent du décret divin, elle est une règle de prudence. Nous disons aujourd'hui : un principe de précaution.

Opinion opinante et opinion opinée

Encore faudrait-il qu'on ne réédite pas, à propos de l'opinion, le tour de bonneteau que nous avons dénoncé à propos du suffrage universel. Celui qui consiste à confondre le mandaté avec le mandataire, le représenté avec le représentant, le député avec l'électeur, pour finalement substituer à la volonté du peuple celle du Parlement. Or, de ce point de vue, opinion demeure un mot ambigu. Ainsi, lorsqu'on déclare qu'un journal est un organe d'opinion, que veut-on dire, exactement ? Qu'il exprime des opinions à l'intention de ses électeurs ou que ceux-ci émettent une opinion à travers lui ? Le journaliste est-il un producteur primaire d'opinions ou un simple intermédiaire ?

La réponse est nécessairement nuancée. Un journaliste digne de ce nom est fier de son indépendance, car elle seule donne un poids à sa parole. Il ne saurait accepter d'être le porte-parole de quiconque, ni d'un parti, ni de son directeur ou de son propriétaire, ni même de ses lecteurs. Mais, inversement, il ne saurait ignorer l'opinion de ces derniers. Le journalisme est un contrat moral, c'est, comme disait Péguy de la lecture, « l'opération commune du lisant et du lu ». C'est aussi, par conséquent, l'opération commune de l'opinant et de l'opiné. Le lecteur achète un journal parce qu'il consonne a priori avec ses orientations et ses goûts ; inversement, le journaliste se préoccupe des opinions de ses lecteurs, sous peine de perdre leur audience. Il y a entre le journaliste et son « public », comme disait Tarde, une transaction permanente qui fait qu'un journal d'opinion reflète conjointement les points de vue d'une poignée de rédacteurs et de la masse de ses lecteurs. Le développement du courrier des lecteurs montre que cette interactivité, comme on dit aujourd'hui, est bel et bien une réalité ; et nous avons vu, en évoquant Internet, que ce nouvel instrument tend à abolir la frontière médiatique entre l'émetteur et le récepteur. C'est la noblesse du journaliste de savoir résister à ses lecteurs chaque fois que nécessaire : c'est sa sagesse de consonner avec eux chaque fois que possible.

Liberté des Anciens et liberté des Modernes

Telle est bien la difficulté de la démocratie d'aujourd'hui : la tendance à la confusion des rôles. L'idéal de la démocratie rousseauiste dans laquelle le sujet se confond avec le souverain était emprunté au modèle antique, celui de l'Agora et de la délibération permanente du peuple assemblé, qui réduisait au strict minimum le phénomène de la représentation. C'est pourtant sur ce dernier, comme nous l'avons vu, qu'a été fondée la politique moderne, et la Révolution française, si éprise de démocratie directe, n'a pas échappé à la règle. En opposant la liberté des Anciens à celle des Modernes, Benjamin Constant, dans sa célèbre conférence de 1819, a théorisé cette évolution. Le droit de ne pas délibérer soi-même et de se faire représenter, caractéristique des Modernes, permet au citoyen de vaquer à ses affaires privées, qui sont généralement de nature économique. Nécessité fait loi, et d'abord nécessité de gagner son pain. La démocratie directe, sous ses dehors populistes, reflète une conception aristocratique de la société. Afin de pouvoir délibérer en permanence, le citoyen grec avait besoin d'esclaves travaillant à sa place.

Eh bien ! Qu'est-ce donc que la démocratie d'opinion, sinon, en plein régime représentatif, l'aspiration à la délibération permanente, c'est-à-dire à la liberté selon les Anciens dont parlait Benjamin Constant ? Nous sommes en marche vers la *doxocratie*, c'est-à-dire vers le pouvoir de l'opinion, pour le distinguer des autres forces de la démocratie. Sous le vocable général de démocratie, on peut en effet distinguer désormais trois variantes du pouvoir populaire.

D'abord, la *démocratie directe*, telle qu'elle a été pratiquée par les Grecs ou par le club des

Jacobins, avec la présence physique du peuple dans les délibérations. Ce régime d'assemblée populaire n'est plus aujourd'hui pratiqué qu'exceptionnellement, dans les moments de crise : ainsi les soviets de Russie en 1917, les conseils (*Räte*) allemands au lendemain de la défaite de 1918, les assemblées étudiantes de 1968, etc. Il n'est pas besoin de dire que le rassemblement de foules anonymes se prête à toutes les manipulations, comme les groupuscules gauchistes le savent bien. De plus, ce type de démocratie se heurte à des obstacles dus à la taille. On peut à la rigueur la concevoir au grand duché de Luxembourg, mais pas dans la Chine de 1 300 millions d'habitants.

Deuxièmement, le *système représentatif classique*, tel qu'il a fonctionné depuis les XVIIIe et XIXe siècle dans les principaux pays avancés d'Europe et d'Amérique du Nord. Fondé sur la délégation de la souveraineté populaire à une classe politique très structurée et relativement fermée, il a pour principal mérite d'être authentiquement libéral et raisonnablement social.

La *doxocratie* enfin, fondée sur l'intervention permanente de l'opinion dans les affaires publiques, qui se profile un peu partout. Moins démagogique que la démocratie directe, meilleure conductrice de la volonté générale que le système représentatif, elle présente des défauts considérables sur lesquels je vais revenir.

Ce qu'est la démocratie d'opinion

Disons d'abord en quoi elle se distingue des autres régimes et par quoi elle se caractérise. C'est une démocratie médiatique, c'est une démocratie directe, c'est une démocratie permanente.

Médiatique, ainsi qu'on l'a dit plus haut, parce qu'elle doit son essor à la multiplication des moyens d'expression : presse écrite, parlée, télévisée, Internet. Elle a pour effet de démoder complètement le modèle du représentant unique, omniscient, omnicompétent, omniprésent, qui est la figure de proue du système représentatif. À son âge d'or, le représentant du peuple était paré de toutes les vertus ; il était censé représenter l'opinion dans sa diversité et le peuple dans sa totalité. Comme législateur, il se prononçait sur toutes choses. Un « toutologue », comme disent les Italiens. Une telle conception, démentie à chaque instant par la réalité, reposait sur un présupposé métaphysique aussi irrationnel que celui qui, sous l'Ancien Régime, faisait du roi le représentant de Dieu sur terre. C'est une erreur de croire que la Révolution antimonarchique a introduit plus de rationalité dans le système politique : elle n'a fait que déplacer la part de croyance irrationnelle sur laquelle reposent toutes les institutions collectives.

Aujourd'hui, une telle fiction n'a plus cours. Les élus du peuple eux-mêmes le reconnaissent et multiplient les commissions ad hoc, les comités des sages, les consultations d'experts. En un mot, les sources de la légitimité se sont multipliées.

Parallèlement, le peuple est sorti de sa présomption d'incompétence totale. La doxocratie, c'est l'irruption brutale du peuple dans les lieux où se décide son avenir. C'est l'addition de la révolution technologique et du désir populaire de participation qui a produit cette doxocratie.

Directe, parce qu'elle se défie des intermédiaires. Le Parlement – et c'est là sa défaite – est désormais perçu comme un obstacle, non comme un lien. La crise des trois grands « moyens de gouvernement » mis au point au XIXe siècle, le suffrage universel, les partis, le Parlement, est une seule et même crise dont on ne sortira qu'en réintroduisant ces institutions sur une scène démocratique qui paraît s'être éloignée d'elles.

Pour le moment, la démocratie d'opinion penche résolument vers le régime présidentiel. Ce n'est pas un hasard. Le système présidentiel, c'est le tête-à-tête de l'opinion publique avec le président au-dessus des corps constitués. Nicolas Sarkozy est en train de pousser le système à ses dernières extrémités : le gouvernement par l'opinion a pour principal moyen d'expression non le Parlement, comme dans le passé, mais la télévision. C'est un gouvernement par l'émotion, où la rationalité trouve de plus en plus difficilement sa place.

Permanente : c'est là sa caractéristique principale. Le système représentatif est démocratique une fois tous les cinq ans et oligarchique dans l'intervalle. Comme le soulignait Sieyès dans le texte cité plus haut, une fois qu'il a élu ses représentants, le peuple n'a que le droit de se taire. C'est de cette démocratie intermittente et illusoire qu'il a fini par se lasser, car il ne s'y retrouve pas. Or, dit Durkheim, « la démocratie est la forme politique par laquelle la société arrive à la plus pure conscience d'elle-même ». Ce jugement décrit très bien ce que Dominique Rousseau nomme *La Démocratie continue* (Bruylant – LGDJ, 1995). Ceux qui se contentent de voir, dans la montée en puissance de l'opinion à l'intérieur des affaires publiques, un harcèlement permanent, la dictature de l'instant et le primat absolu de l'émotion font bon marché de cette dimension fondamentale. L'opinion, c'est avant tout le spectacle que la société se donne à elle-même ; c'est son identité dont elle prend conscience pour parvenir progressivement à la maîtrise de soi. Une société qui se veut adulte ne peut compter sur ses grands hommes pour se forger une image et un destin. Je me permets de renvoyer sur ce point à mon livre *Que sont les grands hommes devenus ?* (Saint-Simon, 2004). À ses risques et périls. En multipliant les erreurs. L'adolescent qui secoue la tutelle parentale est d'abord incapable d'assumer la liberté à laquelle il aspire ; l'oisillon qui se lance hors du nid prend le risque de se casser le bec au premier obstacle. Faut-il pour autant retarder indéfiniment le moment de l'émancipation ? Que nous aimions ou que nous détestions l'opinion publique, nous sommes désormais condamnés à vivre avec elle. Il en va ici de cette opinion comme du suffrage universel, qui n'en est après tout qu'une modalité : il faut l'éduquer, et pour ce faire savoir lui résister. Que les élites qui craignent d'être dépossédées de leur rôle central se rassurent : leur tâche est plus importante que jamais. Mais elle a changé de nature : elles seront de moins en moins les dirigeantes exclusives de cette société, mais elles doivent devenir son institutrice.

La morale de la télé

C'est vrai qu'elle manque terriblement de repères, cette société ; le curé, le maître d'école, le militant ne sont plus là pour dire le bien et le mal, le juste et l'injuste, le beau et le laid. À qui donc incombe désormais la fonction d'inculquer les normes ? À personne en particulier, à la télévision en général ! C'est un rôle qu'elle n'a jamais revendiqué, mais qui lui est échu par défaut. Elle ne prêche aucune morale explicite, mais la morale implicite de ses personnages, de ses héros de séries américaines, de ses jeux débiles, de ses joueurs de foot qui ne le sont pas moins, de ses animateurs gonflés de leur importance tient lieu de référence.

Quelle est donc cette morale ? Elle consiste d'abord et surtout dans une apologie de l'argent et de tous les moyens imaginables pour en gagner. Ensuite, c'est une obsédante glorification de la violence, de la loi du plus fort et du moins scrupuleux. Sous des dehors de divertissement et de neutralité axiologique, la télévision exalte à toute heure à travers ses héros les valeurs du capitalisme sauvage, celui qui ne s'avoue pas mais se pratique en permanence. On feint de s'effarer de la mentalité des « jeunes », des marginaux, banlieusards, collégiens en échec, etc. Mais où donc, s'il vous plaît, vont-ils chercher leurs modèles ? À la télévision, bien sûr ! Après cela, les bons apôtres de la politique et de la finance viennent, la main sur le cœur, réclamer de l'école une éducation morale de la jeunesse. Ah, la bonne mine des éducateurs qui s'acharnent à vanter les valeurs de solidarité, de désintéressement, de patriotisme, quand tous les soirs la télé et ses paillettes prestigieuses ressassent qu'il n'y a qu'une morale, celle de l'arrivisme et de la réussite ! Travail de Pénélope en vérité que celui des enseignants, qu'on leur paie très mal, au cours réel de l'honnêteté intellectuelle et morale dans nos sociétés. C'est là, au chapitre de l'éthique, que les barons pillards du capitalisme ont gagné la partie. Alors, éduquer l'opinion, sans doute. Mais que les nantis commencent par donner l'exemple des vertus qu'ils exigent des autres !

Au demeurant, on se gardera de confondre, sous prétexte qu'elles sont contemporaines, la montée de l'opinion publique avec la réduction de la vie politique à un show médiatique permanent. La première, comme nous avons tâché de le montrer, procède d'un développement organique de la démocratie, ou, comme eût dit Guizot, des « moyens de gouvernement ». La seconde découle d'une mercantilisation générale de la vie sociale à laquelle aucun domaine – art, science, religion, sport – n'échappe désormais. Les marchands du temple s'appuient sur l'opinion, c'est un fait. Mais il appartient aux hommes de conviction, attachés à la spécificité de la vie politique, de faire de même.

Que conclure ? Ce qui fait problème dans nos sociétés, ce n'est pas l'émancipation des individus, de leur manière de penser, et l'égoïsme qui en résulte ; ce qui fait problème se situe en amont et porte bien au-delà : c'est la contradiction devenue criante entre l'esprit de la République et l'esprit du capitalisme. Oui, l'opinion est malade, mais ce n'est pas seulement de narcissisme : elle est malade du cynisme de ses classes dirigeantes.

Faire entrer Léviathan dans le jeu

C'est pourquoi il ne faut pas se tromper d'ennemi ; l'opposition entre la démocratie d'opinion et la démocratie parlementaire, dont j'ai dit les origines, est une opposition qui doit être dépassée. Si le régime proprement représentatif est sur son déclin, le Parlement exerce, de façon irremplaçable, des fonctions constitutives de la démocratie tout court. Seulement, elle ne peut plus prétendre être, à elle seule, législatrice. Nous avons vu, chemin faisant, qu'une loi, pour être applicable, doit procéder d'une navette entre ces trois pôles que sont le gouvernement, le Parlement et l'opinion publique. Dans ce domaine, nous manquons d'imagination ; il faut à toute force associer les citoyens à l'élaboration des lois les plus fondamentales. Longtemps, le Plan, qui permettait la confrontation des « forces vives » du pays, a tenu lieu de chambre de concertation. Car la « rue », qui devient le débouché habituel des aspirations et des frustrations les plus diverses, n'est pas un lieu adéquat pour l'exercice de la fonction législative... Quand Alain Juppé doit renoncer à une partie d'un texte sur la Sécurité sociale déjà voté par le Parlement ; quand Dominique de Villepin est obligé de capituler en rase campagne avec son CPE pourtant muni de toutes les estampilles officielles, la démocratie est en danger.

Alors, recourir au référendum ? Oui, chaque fois que le sujet est d'importance. Encore faut-il en normaliser la pratique. Trop souvent, et encore tout récemment à propos de la Constitution européenne, une consultation, quelle que soit la question posée, tourne au règlement de comptes : « Je réponds non. Rappelez-moi donc la question. » Un référendum programmé depuis trop de temps sert de voiture-balai à tous les mécontentements accumulés. Ce fut l'erreur de Jacques Chirac d'annoncer le sien trop longtemps à l'avance. Dès lors, il n'y eut pas un agriculteur victime des intempéries, pas un commerçant en difficulté, pas un avocat sans cause, pas un mari trompé qui ne voulût prendre sa revanche sur le dos de l'Europe.

On ne peut recourir au référendum trop souvent sans risquer la lassitude du corps électoral. Il faut donc imaginer des procédures moins lourdes pour intégrer l'opinion dans le champ délibératif officiel. Les « jurys populaires » dont a parlé Ségolène Royal pendant sa campagne – autrement dit, car le mot jury est équivoque, des assemblées primaires de citoyens – permettraient au public de se faire une opinion, et aux instances officielles d'en tenir compte, plutôt que de voir le Parlement et le public lancés à toute vapeur l'un contre l'autre sur un rail unique.

Il est non moins nécessaire de permettre à l'opinion, grâce à des primaires, de désigner les candidats aux élections, notamment à la présidentielle, comme cela se fait aux États-Unis. La pratique française qui réserve traditionnellement ce rôle aux partis aboutit à verrouiller la vie politique. Aujourd'hui, dans une France de 65 millions d'habitants, la classe politique n'est guère plus étendue qu'à l'époque de la monarchie censitaire. Le monopole de la candidature par les partis, c'est l'assurance d'une classe politique qui se reproduit indéfiniment à l'identique, presque sans renouvellement ni apport extérieur : c'est en vérité la négation du suffrage universel. Sans l'intervention des nouveaux adhérents à 20 euros, Ségolène Royal n'avait aucune chance d'être désignée comme candidate par le Parti socialiste. Les chefferies, c'est-à-dire l'organisation des partis en bandes rivales, l'interdisaient. La désignation de Ségolène Royal, c'est la révolte de l'opinion publique contre la classe politique. Mortifiée, cette dernière réagit alors en soutenant la candidate comme la corde soutient le pendu. Quoi qu'il arrive désormais, le corps des citoyens ne se laissera plus imposer ses candidats.

Il est en revanche un domaine où le rôle du Parlement est irremplaçable : c'est celui des libertés publiques. La démocratie directe ou semi-directe n'est guère respectueuse des minorités ni des procédures légales. Les assemblées anonymes, faute d'une régulation interne, se livrent avec ivresse à leurs passions. Tout ce qui regarde l'exercice des libertés relève donc du Parlement. On n'oubliera pas qu'en France le système représentatif et parlementaire est fils non de la Révolution, mais de la monarchie censitaire. Elle n'a pas su faire sa part à la démocratie et l'a payé de sa vie. Mais il faut lui reconnaître le mérite d'avoir installé en France à cette occasion la liberté de la presse et le libéralisme politique :

autrement dit, le pluralisme comme état normal de la société, ce que ni la Révolution, férue d'unité, ni à plus forte raison le socialisme n'ont su faire.

Ajoutons-y, pour faire bonne mesure, la pratique de la discussion organisée. Les règles de la délibération, telles qu'elles ressortent du règlement et de la coutume parlementaire, ne sont pas des procédures formelles et désuètes. Elles sont essentielles au respect des minorités ; elles sont la condition de la liberté. Ce qui au contraire guette en permanence les diverses pratiques issues de l'opinion publique et de la démocratie directe, c'est le désordre et l'anarchie. C'est aussi la manipulation permanente, la diffusion de fausses nouvelles, la foi ajoutée à des rumeurs incontrôlables et irrationnelles : l'opinion publique a toujours quelque chose de *panique*. Quand ces poisons ont fait leur œuvre, le citoyen se détourne de la chose politique ; la voie est libre alors pour le pouvoir personnel. Tous les adversaires de la démocratie, tels l'Espagnol Juan Donoso Cortés ou l'Allemand Carl Schmitt, ont dénoncé à l'envi sa tendance à la délibération permanente, à la chicane, aux ergotages indéfinis, à l'incapacité de conclure, à tout ce que l'on désigne du nom de *parlote*. La critique est fondée, elle doit être prise au sérieux.

L'avenir de la démocratie repose donc sur la possibilité de faire vivre en commun, et même de faire coopérer le système parlementaire et le système de l'opinion publique. Sans celui-ci, le premier est menacé d'asphyxie ; sans celui-là, le second est guetté par l'anarchie. La France sera-t-elle capable de faire naître en son sein les hommes et les femmes à l'imagination assez hardie, au courage assez indomptable pour ne pas se laisser détourner de cet objectif majeur : faire entrer le point de vue du plus obscur des citoyens dans le système politique qui le gouverne ? On a, chemin faisant, suggéré un certain nombre de procédures. Le temps presse car l'hégémonie actuelle de la démocratie ne repose que sur l'absence momentanée d'adversaire. Or l'histoire du XXe siècle nous apprend que rien n'est jamais acquis à l'homme, ni la paix, ni la liberté. Suffrage universel et opinion publique sont en vérité deux modalités différentes d'une même réalité. Ce que le XIXe siècle a su faire pour le suffrage, il appartient au XXIe de le faire pour l'opinion.

Envoi

À mesure que s'élaborait cet essai, un constat s'imposait à moi : la montée de l'opinion publique dans la sphère politique n'est qu'un cas particulier d'un problème beaucoup plus large, celui de l'autonomisation croissante des individus dans les sociétés modernes.

Jusqu'ici, la question du politique s'était identifiée avec celle de la représentation. Le passage de la souveraineté royale à la souveraineté populaire n'y changeait rien, puisque, dans les deux cas, le titulaire du pouvoir était censé l'exercer par délégation : de Dieu dans le premier cas, du peuple dans le second.

Toute cité a besoin d'une administration, c'est-à-dire d'une instance technique. Mais a-t-elle besoin d'un gouvernement, c'est-à-dire d'une instance politique ? Cela n'est pas évident. C'est la délégation, autrement dit la nécessité d'une représentation, qui a créé de toutes pièces la question politique, avec ses ingrédients : la lutte pour la conquête du pouvoir par un personnel spécialisé, le droit de suffrage, le débat sur les moyens de gouvernement, etc.

Or l'aspiration des individus à une plus grande autonomie renforce subtilement et d'ordinaire inconsciemment la négation même du principe de délégation, et donc du principe de gouvernement. On se souvient que Saint-Simon voulait substituer au gouvernement des hommes l'administration des choses : c'est l'anarchisme technocratique ; ou encore que Proudhon s'écriait : « Mon espèce aspire à être gouvernée ; j'ai honte pour mon espèce » : c'est l'anarchisme anthropologique ; et enfin que Péguy, tout en récusant l'anarchie, c'est-à-dire le refus de l'ordre, se réclamait de l'« acratie », c'est-à-dire du refus de l'autorité : c'est l'anarchisme philosophique. Tous trois en somme ont rêvé de la fin du gouvernement, c'est-à-dire de la fin de la politique. C'est cette aspiration qu'à sa manière caustique Borges traduit dans un apologue qui figure dans *Le Livre de sable* (Gallimard, 1978) :

« — Que sont devenus les gouvernements ? demandai-je.

— La tradition veut qu'ils soient tombés petit à petit en désuétude. Ils procédaient à des élections, ils déclaraient des guerres, ils établissaient des impôts, ils confisquaient des fortunes, ils ordonnaient des arrestations et prétendaient imposer la censure, mais personne ne s'en souciait. La presse cessa de publier leurs discours et leurs photographies. Les hommes politiques durent se mettre à exercer des métiers honnêtes ; certains devinrent de bons comédiens ou de bons guérisseurs. La réalité aura été sans doute plus complexe que le résumé que j'en donne. » (« Utopie d'un homme qui est fatigué », p. 109)

Il peut paraître paradoxal d'invoquer l'utopie de Borges sur la disparition des hommes politiques quand le mouvement des médias est en train de les transformer, à travers leurs amours, leurs vacances et leurs sorties, en objets de la curiosité d'un public voyeur et dépolitisé. C'est que justement la banalisation des hommes et des femmes politiques et leur métamorphose en vedettes « people » est le premier pas vers la fin de leur dignité propre. La publicité que l'on donne à leurs gestes les plus anodins va de pair avec une dévalorisation systématique de leurs fonctions par des amuseurs ignares ou cyniques ; avec le scepticisme croissant du public qui considère le métier politique comme le dernier des métiers. Tout ce que le texte de Borges suggère précisément.

À un niveau superficiel, cette dégradation de l'image des hommes politiques et du métier qu'ils exercent est la résurgence d'un vieil antiparlementarisme, ancré à gauche comme à droite dans les mentalités françaises. C'est un sentiment misérable ; il est dommage que la plupart des hommes politiques, à commencer par le premier d'entre eux, fassent tout pour l'alimenter.

Mais à un niveau plus profond, ce rejet de la politique traduit une aspiration sourde à l'autonomie des individus, une sorte d'allergie à la notion même de gouvernement, comme un héritage de l'âge métaphysique, le deuxième dans la loi des trois états distingués par Auguste Comte. L'ère moderne serait destinée à nous en débarrasser définitivement, et le fondateur du positivisme n'était pas loin de penser ainsi, qui voulait confier la cité au gouvernement des savants.

Je suis loin d'adhérer sans réserves à ces rêves – d'aucuns diront à ces rêveries. Mais enfin, si la politique est le pouvoir que des hommes se sont procuré sur leurs semblables, la concentration du pouvoir politique en un petit nombre de mains relève bien des strates les plus enfouies et les plus archaïques du cerveau humain.

Voilà ce que nous murmure en sourdine l'opinion publique. Longtemps expression, comme on l'a vu, du système représentatif, elle en est aujourd'hui la contemptrice la plus acharnée. C'est la réapparition, là où ne l'attendait plus, du vieux rêve autogestionnaire, plus ancré qu'on ne le croit dans le cœur des hommes. Banni de l'univers économique et de l'entreprise où le pouvoir des décideurs – mot qu'il a fallu forger tant le besoin s'en faisait sentir – est plus grand que jamais sur le sort de tous les travailleurs, il resurgit dans celui de la politique. Placée devant le fait accompli de la représentation, l'opinion publique est la voix du peuple qui refuse de se laisser déposséder plus longtemps de sa souveraineté. Elle est là comme une sentinelle ; peut-être même comme la statue du commandeur. À tout moment elle se charge de rappeler que les élus ne sont que des délégataires appelés à rendre compte. Et, surtout, puisque se dissipe un peu plus chaque jour la légende de la politique comme application progressive d'un programme défini au moment des élections, elle entend intervenir sur les questions qui se posent au jour le jour.

Quant à moi, au terme de cet essai, je ne puis me soustraire au mélange de fascination que suscite en moi cette nouvelle preuve de vitalité démocratique et de cette terreur religieuse dont a parlé Tocqueville devant cet élan impétueux du bon plaisir populaire, propre à tout balayer sur son passage, y compris les libertés, y compris le libre-arbitre de chacun. Comme si le tribunal de l'opinion en venait à se substituer au tribunal de la conscience.

Ce que j'ai voulu montrer, c'est qu'il serait vain désormais de vouloir ruser avec elle, quel que soit le nom qu'on lui donne. Encore plus de vouloir l'escamoter. Il faut au contraire parier sur son extension comme seul moyen de la faire accéder à l'âge adulte. J'en veux pour ultime preuve ce qui se passe à l'échelle internationale. À la différence de ce qui prévaut à l'intérieur de chacune des nations civilisées, où l'intervention de l'opinion a fini par substituer l'empire de la loi à la guerre de tous contre tous, les relations internationales sont depuis toujours le domaine du pur rapport de forces tel que Pascal le définissait. Pourquoi ? Parce que, jusqu'à une date récente, la voix des peuples n'a jamais pu se faire entendre. Les peuples, c'est un fait, sont généralement favorables à la paix, au point d'être regardés comme munichois par les gouvernements imbus de la raison d'État. Ce qui n'est pas toujours vrai. Des études récentes ont montré qu'au moment de Munich (1938) l'opinion était beaucoup plus partagée qu'on ne le dit en général.

C'est la naissance d'une opinion à l'échelle internationale qui a commencé à changer les rapports entre les États. Bien faiblement et bien inégalement sans doute. Les grands fauves de la scène internationale (États-Unis, Russie, Chine) échappent encore complètement à son atteinte, parce que la force dont ils disposent les met provisoirement à l'abri de la justice. Milosevic a fini par devoir répondre de ses crimes en Croatie, en Bosnie, au Kosovo, mais il y a bien peu de chances que Poutine soit poursuivi pour ceux qu'il a commis en Tchétchénie.

N'importe. Le mouvement international, parti des militants des droits de l'homme et des juristes, qui a abouti à la création d'un Tribunal pénal international pour l'ex-Yougoslavie et le

Rwanda, puis d'une Cour pénale internationale permanente, est un mouvement de fond auquel tentent de s'opposer les grandes puissances, notamment celles que l'on vient de citer. Sans l'appui cumulé des opinions publiques nationales, un tel mouvement était inconcevable. Il n'est que trop facile d'en montrer les faiblesses, voire les inconséquences. Le règne de la justice s'établit rarement par les moyens de l'équité. Mais le mouvement est irréversible : la naissance d'une opinion publique internationale est la force indispensable sans laquelle il est impossible d'imaginer la réalisation du vœu de tous les hommes de culture et de raison depuis Kant : l'établissement d'une paix perpétuelle entre les nations.

La folle du logis ou la reine du monde ? Il n'est pas de grande conquête de l'esprit humain qui puisse se dispenser de recourir à l'éducation pour prendre pied et donner des fruits. « Démocratie, c'est démopédie », dit Proudhon. Mais l'éducation du peuple n'est pas celle de l'enfant ; elle n'est pas affaire de tableau noir et de salle de classe. Il n'est d'autre éducateur du peuple que le peuple lui-même, à la lumière de la raison et de l'expérience historique, à l'instigation de ses chefs. C'est donc du courage des hommes politiques que procède d'abord la sagesse du peuple. Paradoxalement, c'est de leur capacité à dire non à l'opinion que peut sortir une opinion adulte. C'est pourquoi je me permettrai de compléter Proudhon : doxocratie, c'est doxopédie. Les grands éducateurs politiques de l'époque contemporaine, un Churchill, un de Gaulle, un Gandhi, sont des hommes qui ont su résister aux entraînements du moment, affronter l'incompréhension, traverser le désert. Il y faut une grande abnégation ou une confiance inébranlable dans son destin. Un leader démocratique ne saurait avoir pour seul programme d'être compris, encore moins d'être aimé. Mais il amène le peuple à vouloir ce qui est son intérêt supérieur. La reconnaissance, quand elle a lieu, ne peut être que finale ou posthume. Sa récompense est celle de tout éducateur : devenir un serviteur inutile. Pour permettre à la reine du monde de devenir maîtresse d'elle-même.

Table des matières

Mise en page
PCA
44400 Rezé

CET OUVRAGE
A ÉTÉ ACHEVÉ D'IMPRIMER
SUR ROTO-PAGE
PAR L'IMPRIMERIE FLOCH
À MAYENNE EN DÉCEMBRE 2007

N° d'édition : L.01ELJN000192.N001. N° d'impression : 69857.
Dépôt légal : janvier 2008.
Imprimé en France